韓国 行き過ぎた資本主義
「無限競争社会」の苦悩

金 敬哲

講談社現代新書
2549

はじめに

２０１８年5月、世界三大映画祭の一角、フランスのカンヌ国際映画祭で、是枝裕和監督の「万引き家族」が、グランプリに当たるパルムドールを受賞した。家族が生きていくため万引きせざるを得ない、貧しい庶民の生活を描いた傑作だ。

その翌年、２０１９年5月にカンヌ国際映画祭でパルムドールを受賞したのは、今度は韓国映画の「パラサイト　半地下の家族」だった。名作「殺人の追憶」などで知られるポン・ジュノ監督が手がけた、やはり家族ドラマである。

同じホームドラマでも、「万引き家族」と違うのは、貧困家庭と富裕家庭の対比をテーマにした点だ。韓国人なら日常、誰もが目にしている貧富の格差の実情を、ブラック・コメディとして表現している。

特に、主人公とその家族が暮らす「半地下」は、現在の韓国社会において、貧困家庭が息をひそめて暮らす典型的な住居であり、と同時に、貧困層を示す象徴的な言葉にもなっている。

「半地下」とは、地上と地下の間に位置する居住空間だ。韓国の宅地法によると、床から地表面までの高さが、部屋の高さの半分以上なら地下、半分未満であれば半地下と区分される。

窓がまったくない地下と比べて、半地下には地上と地下の半分ずつにわたる窓が存在する。半地下部屋の居住者は、この窓の上半分を通じて、家の前を通る人々の足だけを見て生きる。

しかし、地下部屋との唯一の違いであるこの窓は、映画「パラサイト」で描かれたように、様々な災難を呼ぶ窓でもある。酒に酔った人が窓のそばで立ち小便をしたり、洪水が発生すると窓から水が室内に流れこむ。

半分が地下に隠れている窓を通して、室内に太陽の光が入ってくる時間は極端に少ない。そのため、室内はいつも湿っていて、カビ臭さが鼻をつく。まさにこの半地下部屋の臭いこそが、映画「パラサイト」でいう、「貧しさの臭い」なのだ。

ＩＭＦ（国際通貨基金）の統計によれば、２０１８年の韓国のＧＤＰ（国内総生産）は、世界で12位である。米国、中国に次いで3位の日本の、ちょうど3分の1の規模まできた。だが、韓国人の平均的な暮らしぶりは、世界12位にしては、それほどレベルの高いものではない。国連の関連団体が、毎年3月20日の「国際幸福デー」に合わせて発表している「世界幸福度ランキング」で、２０１９年に韓国は、世界１５６ヵ国中、54位だった。ちなみに２０１８年は57位である。

同様に、パリに本部を持つ国際機関であるＯＥＣＤ（経済協力開発機構）が発表している「より良い暮らし指標（ＢＬＩ）」でも、２０１８年に韓国の順位は、40ヵ国中、30位だった。しかも、２０１４年は25位、２０１５年は27位、２０１６年は28位と、毎年順位が落ちている。

特に、余暇や個人的活動にあてた時間と、長時間労働者の割合から示される「ワーク・ライフ・バランス」指数は37位で、困ったときに頼れる人がいると回答した人の割合を示す「共同体」指数は最下位（40位）だった。

韓国を代表する「進歩派」（韓国では左派をこう呼ぶ）の経済学者である柳鍾一《ユ・ジョンイル》韓国開発研究院（ＫＤＩ）国際政策大学院院長は、進歩系（左派系）メディアである「プレシアン」に次のような文章を寄稿している。

〈約20年前に韓国を襲ったＩＭＦ危機以降、韓国社会における最大のイシューは、二極化による「格差社会」である。二極化の傾向は、実はそれ以前から始まっていたが、経済危機以降、中産層の崩壊と貧富の差の拡大が急ピッチで進み、一気に深刻化した。

現在の韓国社会は、単に不平等なことが問題なのではなく、富と貧困が世代を超えて継承される点が際立った特徴となっている。すなわち、世代間の階層の移動性が低下し、機

会の不平等が深まり、いくら努力しても階層の上昇が難しい社会、すなわち「障壁社会」へと移行したのだ〉

たしかに、２０１８年に韓国の有力シンクタンクの一つである現代経済研究院が発表したアンケート調査の結果を見ると、「いくら熱心に努力しても、自分の階層が上昇していく可能性は低い」と考えている韓国人は、２０１３年の75・２％、２０１５年の81・０％、２０１７年の83・４％と、毎年上昇している。柳鍾一院長が主張した「障壁社会」について、韓国人の８割以上が同意していると見ることができるだろう。

また、２０１９年6月に韓国保健社会研究院が発表した「社会統合の実態診断及び対応策研究」報告書を見ると、韓国社会に横たわるあらゆる問題に関して、韓国人が「不平等だ」という認識を持っていることが分かる。具体的に見ると、「法律の執行」は、「平等だ」(12・５％)対「不平等だ」(59・３％)。「就業機会」は、「平等だ」(18・８％)対「不平等だ」(48・３％)。「所得分配」は、「平等だ」(８・７％)対「不平等だ」(55・６％)。「富の分配」は、「平等だ」(７・８％)対「不平等だ」(58・４％)。「地域の発展」は、「平等だ」(９・０％)対「不平等だ」(50・９％)。「女性に対する待遇」は、「平等だ」(20・２％)対「不平等だ」(35・５％)……。このように、社会の問題全般にわたって、「不平等だ」という思いが充満していることが明瞭に分かる回答結果となっている。

また、同報告書によれば、韓国人の80・8%が、「人生で成功するには、裕福な家に生まれることが重要だ」と考えており、さらに「韓国で高い地位に上っていくためには、腐敗するしかない」(66・2%)と答えている。これは、韓国社会の葛藤が、すでに臨界点に達していることを示している。

ご存知のように、2019年夏以降、韓国では文在寅《ムン・ジェイン》政権を挙げての反日攻勢が巻き起こっている。だが韓国社会は、たとえ「日本」という要素が加わらなかったとしても、耐えがたい格差社会によって、氾濫寸前にまで国民の「不満の水位」は上がっていたのである。

これは、現代韓国史がもたらした「人災」とも言える。

1948年に建国した大韓民国は、「漢江《ハンガン》の奇跡」と呼ばれるほど、急速な成長を遂げた。建国直後に勃発した朝鮮戦争(1950~1953年)で全土が廃墟になった韓国は、1961年に軍事クーデターで朴正熙《パク・チョンヒ》政権が発足すると、朴大統領は、18年に及ぶ独裁政権の間、国家主導の強力な経済成長政策を推進、韓国経済の礎を固めた。1965年には日本との国交正常化も成し遂げ、植民地賠償に代わる無償3億ドル、有償2億ドルの経済協力も取り付けた。

朴正熙から全斗煥《チョン・ドゥファン》、盧泰愚《ノ・テウ》に至る軍事政権の30年間、韓国は平均9・4%の成長を続け、

1953年には67ドルに過ぎなかった一人あたりの国民所得（GNI）が、2018年には3万ドルを突破した。前述のように、IMFが発表したデータによれば、2018年のGDPは世界12位である。

この65年で約470倍もの成長を遂げた韓国経済は、西欧が数百年かかった経済発展の過程を、わずか数十年に圧縮して経験した。だがこの異常な「圧縮成長」は、大きな副作用ももたらした。

韓国の代表的な知識人であるキム・ジンギョン氏は、韓国の圧縮成長について次のように考察する。

〈日本が明治維新以後、100年で西欧の近代化300年の歴史を圧縮して追体験したとすれば、韓国は60年代以降、30年で西欧の300年を圧縮して経験した。このような速度の中で、こうした狂気じみた変化の中で、（少し誇張して言うなら）私たちは30年の生物学的時間で、300年の叙事的な時間を生きてしまったのだ。恐ろしい速度で西欧を真似していく中で、自分自身を振り返るということは不可能であり、必要なこととも見なされなかった〉

韓国式「圧縮成長」の本質は、効率にあった。限られた資金と資源を、効率最優先で配分した。具体的には、政府と共に歩む財閥への配分を極度に手厚くし、財閥が市場を独占する「韓国型システム」を作り上げた。その結果、経済成長の「骨格」はできたが、日本の中小企業や地方企業のような「細胞」は育たなかった。それゆえ、経済の「血液循環」がうまくいかず、富が一部に集中する問題を抱えてしまった。

同時に、「成長第一主義」という考え方は、「成功するのが一番、そのためには手段や方法は選ばない」という風潮を広め、韓国人を歪んだ競争主義に追い込んだ。

韓国人が、自分たちの社会が「おかしい」と気づいたのは、1997年の年末に韓国を襲った「IMF危機」がきっかけだった。「IMF危機」とは、財政破綻の危機に直面した韓国政府が、IMFから資金援助を受けるため合意文書を締結し、国家財政の「主権」をIMFに譲り渡したものだ。

翌1998年2月に就任した金大中《キム・デジュン》大統領は、就任演説で韓国国民に次のように訴えた。

「失敗すると、国が破産するかもしれない危機に私たちは直面しています。莫大な負債を抱えて、毎日のように押し寄せてくる満期外債を返すのに汲々としています。実にあきれたことです。韓国が、これでも破局を免れているのは、愛国心で団結している国民の協力と、国際通貨基金、世界銀行、アジア開発銀行、そして米国、日本、カナダ、オーストラリア、EU各国など友好国の支援のおかげです。これからの一年間、物価は上昇し、失業は増えるでしょう。所得は下落し、企業倒産は続出するでしょう。今、私たちは、汗と涙と痛みをみんなで分かち合うことが求められています」

金大中政権は発足当時、「民主主義と市場経済の並行発展」を国政のモットーとする「ＤＪ《デイジェイ》ノミクス」を提唱した。経済危機を招いた根本的な原因を、これまで30年余りにわたって続けられてきた政経癒着と不正腐敗、モラルハザードによるものと見なし、その改善のため、自由放任ではなく政府が積極的な役割を果たすとする経済政策だ。つまり、公正な競争が行われるように市場のルールを決めて、市場を監視し、個人の努力や能力によって正当な報酬がもらえるシステムを作るというのが政策の核心だった。しかし、実質的に金大中政権が実行したのは、資本市場の開放、国家規制の緩和、公企業の民営化、そして労働市場の柔軟化およびリストラ強行など、新自由主義的な政策ばかりだった。

このように金大中政権は、韓国初の進歩派（左派）政権であるにもかかわらず、ＩＭＦからの要求よりもさらに強力な新自由主義的経済改革を推進した。金大中大統領は米国から、「ＩＭＦソウル支店長」の異名を頂戴したほどだ。

金大中政権の「劇薬療法」によって、３年８ヵ月後の２００１年８月23日、韓国はＩＭＦから借り入れた資金を早期に返済し、経済主権を取り戻した。しかし皮肉なことに、この過程で韓国社会の両極化と所得の不平等は、さらに深刻化したのである。特に、「苦痛の分担」という名のもとに施行された整理解雇制と労働者派遣制などの労働市場の柔軟化政策は、中産層の崩壊を招いた。

大規模なリストラで失業者は400万人を超え、サムスンや現代《ヒョンデ》、LGのような屈指の財閥企業ですら、「新卒で入社すれば定年まで安泰」という終身雇用の不文律が破られた。また、派遣やパートタイマーなど非正規労働者の採用が法律で許可され、「88《パルパル》世代」（ソウル五輪が行われた88年と月収88万ウォン＝約8万円を掛けている）という自虐的な言葉が流行語になった。

現在、韓国の就業者の20％以上、大手企業の労働者の約4割が非正規職であり、深刻な労働問題となっている。金大中政権の急激な新自由主義的経済改革により、韓国はIMF危機という「急病」は治療できたが、「重い後遺症と慢性疾患」を抱えることになった。それが、社会の二極化と、社会階層の定着化である。

思えば、韓国の最近の流行語には、過去にも増して自虐的な言葉が多い。「ヘル朝鮮《チョソン》」「スプーン階級論」「N放《ポ》世代」……。これらの意味が分かれば、相当な韓国通と言える。

「ヘル朝鮮」とは、「地獄（HELL）のような韓国社会」という意味である。なぜ「韓国」と言わずに「朝鮮」と言うかといえば、「朝鮮時代（14～20世紀初め）のような前近代的な国」という皮肉を込めているからだ。

「スプーン階級論」の「スプーン」は、生まれた家の経済力を喩えている。「金のスプーン」をくわえて生まれたら、一生裕福。そうでなければ一生貧乏という意味だ。

「N放世代」は、2011年に誕生した「三放世代」という造語がもとになっている。これは貧しさゆえ、恋愛・結婚・出産という人生で重要な3つのことを放棄せざるを得ない世代という意味だ。ところが最近は、「放棄せざるを得ないもの」が3つでは済まなくなったため、不定数の「N」(ナンバー)にして、「N放世代」と呼ぶのである。

日本は現在、バブル期並みの高い就職率を記録している。だが韓国は逆に、あの悪夢の「IMF危機」時代を下回る史上最低の就職率に喘いでいる。そのため多くの若者が、非正規職やアルバイトで生き延びるしかない状況だ。いわゆるワーキングプアの問題が、日増しに深刻化しているのである。

たとえ正規雇用者であっても、会社がさらに不景気になれば、いつリストラの対象にされるかもしれない。そのため、リストラの心配がない公務員になることが、韓国の子供たちの最大の夢となっている。国の将来を担う子供たちが、「将来は公務員になりたい」とは、どれほど熾烈な社会状況なのかを如実に物語っている。

韓国の教育熱の高さは世界的に有名だが、その厳しさは増す一方である。それは一流大学に入れば、卒業後に安定した職に就けると考えているからだ。そのため韓国の親たちは、自分の子供を過酷な教育地獄に追い込んでいく。

韓国の子供たちの幸福指数は、OECD加盟国の中で、最下位レベルだ。韓国保健福祉部の２０１８年の統計によれば、韓国の小学生の生活満足度は６・６点で、ＯＥＣＤ平均の７・６点よりも、はるかに低い。また、韓国の子供たちが両親と一緒に過ごす時間は、一日にわずか48分しかない。ＯＥＣＤの平均は２時間30分である。

一方、中年男性は、「構造調整」という言葉に怯えながら生きている。いわゆるリストラだ。子供の異常な額の教育費を捻出しなければならないので、職場では何が起ころうと、必死に耐え忍んでいる。さらに、成人しても経済的に自立できない子供たちと、年老いた自分の親の両方を扶養しなければならないという「ダブルケア問題」も、重くのしかかる。

儒教国家の韓国は、以前は老人を敬う文化が徹底していたため、「老人が世界一幸福な国」と、外国から羨望の眼差しで見られたものだ。だが今では、とめどもなく広がる「貧困老人」の問題が、大きな社会問題になっている。

韓国の高齢者の貧困率は45・７％に上り、ＯＥＣＤ加盟国の中で最も高い。「漢江の奇跡」と呼ばれた成長第一主義の陰で、福祉政策は後回しにされてきた。社会保障制度の整備も遅れ、多くの高齢者たちは退職した後も、日雇い労働をして生活している。韓国で公的年金制度が施行されたのは１９８８年、会社員だけでなく個人事業者を含めた国民全員が公的年金に加入することになったのは、ようやく１９９９年になってからのことだ。

一握りの勝ち組とその他に分断された、超格差社会の韓国。ここでは、政府の行き過ぎた新自由主義的政策により、すべての世代が無限競争に駆り立てられている。そして、これは、近い将来、日本を含めた全世界に広がっているかもしれない。資本主義の最先端を行く、韓国のありのままの姿をお伝えする。

目次

第一章に登場する子供たちとその親の名前は仮名です。

第一章　過酷な受験競争と大《テ》峙《チ》洞《ドン》キッズ

1　大峙洞キッズとマネージャーママ

韓国の上流階層が集まる街「江南《カンナム》」

セレブの街として知られる「江南」。ソウル中心部を流れる漢江《ハンガン》の東南に位置し、江南区、瑞草《ソチョ》区、松坡《ソンパ》区をまとめて「江南3区」と呼ぶ。文化施設や商業施設が集まり、地価が最も高い。名門高等学校・中学校もここに集中しており、ソウルでも特別な地域だ。「江南に住んでいる」というのは、一つのステータスになっている。

一口に江南といっても、地域ごとにさまざまな顔がある。たとえば、韓国の上流階層1%が集まる清潭洞《チョンダムドン》には世界の最高級ブランドショップが立ち並び、富とファッションの街として有名だ。ここに住む若い奥さんたちの、控えめで洗練されたファッションは「清潭洞嫁ルック」と呼ばれ、韓国の若い女性たちの憧憬の的だ。狎鷗亭洞《アックジョンドン》や新沙洞《シンサドン》には韓国の整形外科の75%が集まっており、美容室などのビューティーショップも密集していることから、「ビューティーベルト」と呼ばれる。韓国人はもちろん、外国人も整形のためにここを訪れる。そのため整形美女を指す「狎鷗亭女《アックジョンニョ》」や「江南美人《カンナムミイン》」という造語まで生まれた。

ソウルのシリコンバレーと呼ばれる三成洞《サムソンドン》は、韓国屈指の大手企業や有名ベンチャー企業

韓国全図
朝鮮民主主義
人民共和国
漢江《ハンガン》
京畿道《キヨンギド》
江原道《カンウオンド》
仁川国際空港《インチヨン》
ソウル
京畿湾《キヨンギマン》
仁川《インチヨン》
水原《スウオン》
城南市盆唐区《ソンナムブンダン》
忠清北道《チユンチヨンブクド》
世宗《セジヨン》
大田《テジヨン》
忠清南道《チユンチヨンナムド》
慶尚北道《キヨンサンブクド》
大韓民国
全州《チヨンジユ》
大邱《テグ》
黄海《フアンヘ》
全羅北道《チヨルラブクド》
蔚山《ウルサン》
慶尚南道《キヨンサンナムド》
光州《クアンジユ》
釜山《プサン》
全羅南道《チヨルラナムド》
日本
済州《チエジユ》
済州道《チエジユド》
0
100km

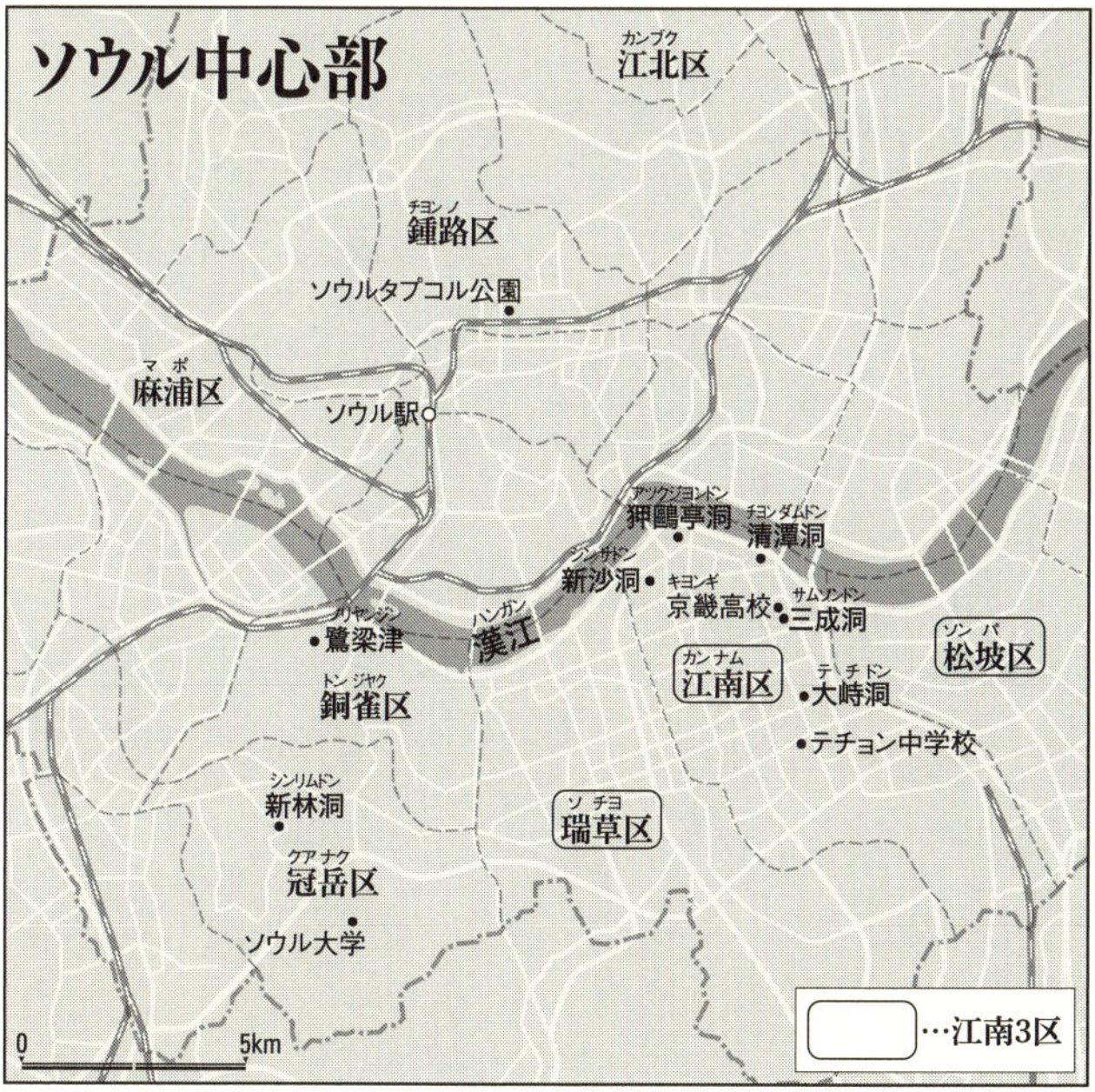
ソウル中心部
江北区《カンブク》
鍾路区《チヨンノ》
ソウルタプコル公園
麻浦区《マポ》
ソウル駅
狎鷗亭洞《アツクジヨンドン》
清潭洞《チヨンダムドン》
新沙洞《シンサドン》
京畿高校《キヨンギ》
三成洞《サムソンドン》
鷺梁津《ノリヤンジン》
漢江《ハンガン》
松坡区《ソンパ》
江南区《カンナム》
銅雀区《トンジヤク》
大峙洞《テチドン》
テチョン中学校
新林洞《シンリムドン》
瑞草区《ソチヨ》
冠岳区《クアナク》
ソウル大学
0
5km
…江南3区

の本社ビルが軒《のき》を連ねる韓国経済の心臓部だ。ここの中心を走るテヘラン路は「テヘランバレー」という異名を持つ。

名門高等学校や中学校が集まる江南は、韓国で最も教育熱の高い地域であり教育特区とも呼ばれる。中でも大峙洞《テチドン》は3・53平方キロの狭い範囲に、実に1000余りの学習塾や予備校がひしめき、「韓国の私教育1番地」と呼ばれている。タワーマンションが立ち並び、商業施設が密集する様子は、一見しただけでは他の江南の街と大差ない。しかし、この街の主人公は、富裕層の若奥さんでも美しい独身女性でも、IT業界の会社員でもない。「大峙洞キッズ」と呼ばれる小・中・高校生たちだ。大峙洞の子供たちは、韓国の上流0・1％に入るために、ここで世界でも類例のない私教育（韓国では学校で行う教育を「公教育」、塾や予備校で受ける課外教育を「私教育」という）の嵐に耐えているのだ。

自分の体重の3分の1にもなるかばんを持って塾を転々とする小学生、入学と同時に大学受験の勉強を始めなければならない中学生、未明まで法律で禁じられている深夜授業を受ける高校生の姿は、大峙洞でよく見かける風景だ。しかし、この子供たちの日常は、大峙洞という地域に限定されたものではない。過度な私教育に揺さぶられる韓国の青少年全体の姿でもある。難関大学入学という「至上命題」を抱えて生まれ、出生直後から過剰な私教育にさらされる大峙洞の子供たちは、超競争社会を生きなければならない韓国の青少年たちを象徴する存在なのだ。

教育熱が作った江南神話

1960年代のソウルは、全国から人が集まり飽和状態にあった。人口の急増は住宅難をはじめ、いろいろな都市問題を生んだが、特に安全保障上、首都防衛に深刻な問題を抱えていた。北朝鮮との休戦ラインからわずか40キロしか離れていない江北《カンブク》（漢江の北側）に、人口や主要施設が偏っていたからだ。時の朴正熙《パク・チョンヒ》政権は、ソウルの都心機能を分散させることを決定。移転先として選ばれたのが、漢江を渡って東南部に位置する江南だった。

1963年1月1日、ソウル市の行政区域が変更され、江南はソウルに編入された。1970年代に入ると、それまで広々とした田畑が広がる典型的な農村地域だった江南が、大きく変わり始める。京釜《キョンブ》高速道路が開通、地下鉄2号線の開設、テヘラン路の建設など、交通インフラがどんどん整備されていった。江南の各地は「マンション地区」に指定され、一戸建て住宅の建設を禁止して大規模なマンション村が造成された。その他にも、江南を発展させるための多様な施策が講じられる。たとえば、江北の都心部に点在していた高速バス停を一つにまとめて「江南高速バスターミナル」を作ったり、風俗店も江北の都心部から京釜高速道路脇の新沙《シンサ》駅周辺に移動させた。

江南への人口移動を進める政策の決定打は、名門高校の移転だった。旧都心に散らばっていた名門高校を、1976年から江南に移転。韓国最高の名門校である京畿《キョンギ》高校を皮切りに、15の名門高校が江南に移った。ソウルでは、行き過ぎた進学競争を抑制する目的で、「高校平準化」政策とともに「学群制」が敷かれている。ソウルを11の学群に分けて、中学校の卒業生は基本的に同じ学群の高校に進学する。「8学群」に分類された江南には名門高校が集中したため、教育熱の高い裕福な家庭は、こぞって江南に移住。江南発展の原動力となった。

「私教育1番地」大峙洞の誕生

しかし、これがすぐに江南地域の塾の振興につながったわけではない。全斗煥《チョン・ドゥファン》政権（1981〜1988年）が在学生の課外授業を禁止するなど、私教育抑制政策を強力に打ち出したからだ。全斗煥退任後、課外授業が1989年に解禁されると、江南一帯に学習塾や予備校が一気に広がり始める。そして、狎鷗亭洞や清潭洞などに比べ、比較的開発が遅れていた大峙洞周辺に学習塾街が形成されたのだ。

ただ、この時点では、まだ大峙洞の学習塾は私教育の「頂点」ではなかった。全斗煥政権の「在学生の課外授業禁止法」によって、学習塾は浪人生を対象に発展し、ソウル周辺地域からも通いやすいソウル駅や鷺梁津《ノリャンジン》一帯が私教育を代表する地域となっていた。

1990年代初めになると、総合入試塾（予備校）より規模の小さい「補習塾」が登場する。小中高生を対象にした単科専門の学習塾だ。特に、富裕層の多い江南一帯では、「少数精鋭」を掲げて高い授業料を取るこうした塾が流行した。少人数の生徒たちを対象に、特定の科目を専門的に指導しながら、進路まで管理する方式だった。

大学時代から20年余り、大峙洞で人気数学講師として活躍したイ・ジュンさんは、1990年代後半になって、大峙洞の学習塾が鷺梁津を凌駕し始めたと証言する。

「当時はIMF管理下の就職が難しい時代だったので、江南で家庭教師のアルバイトをしていた大学生たちが、卒業後そのまま塾講師の仕事に飛び込むことも少なくありませんでした。リストラされたサラリーマンたちも、よく塾の講師に転身しました。うまくいけば、並みのサラリーマンの2～3倍の収入も可能な大峙洞の塾講師は、名門大学の学生たちにとっても人気のある就職先だったのです。その結果、1990年代後半になると、講師の水準や収入面で大峙洞が学習塾の頂点に立っていました」

そして、2000年代初頭に本格的に始まった「イン講《ガン》」（インターネット講義）が、江南の学習塾の地位をもう一段階引き上げた。1998年、韓国の再建という重い任務を背負った金大中《キム・デジュン》大統領は、就任演説で「世界で最もパソコンを活用する情報大国を目指す」と宣言し、ITインフラの構築やIT産業の発展に力を注いだ。2002年には、韓国のインターネット普及率は1998年の700倍に、インターネット加入者数は1040万人にまで膨れ上がった。5000万の総人口や4人家族が平均であることを考えれば、すべての家庭にインターネットが普及したといえる。インターネットはさまざまな新しい産業を誕生させたが、中でも塾の授業を録画して、インターネットで配信するイン講は、韓国の私教育市場を揺るがすほどの人気を集めた。特に、イン講ブームの火付け役となった大峙洞の有名塾は、「江南スタイル」の授業をネットを通じて韓国の全国津々浦々まで広めた。

大峙洞の有名塾の授業をネット配信で見た生徒や保護者たちは、それこそ衝撃を受けた。学校の授業に毛が生えた程度、補習レベルと思われていた塾の授業が、学校の授業の約半年、いや1年以上も先を行っていたからだ。子供たちの将来を思い、名門大学進学を願う親たちの欲望を、大峙洞の塾文化は大いに刺激した。前出の元塾講師イさんは次のように語る。

「大峙洞の塾の特徴は、幼い頃から目標を設定させて徹底的に管理していくことです。早ければ幼稚園の時から、目標とする進路に向けた体系的な教育が施されます。もちろん、そのためには多額の費用がかかります。だから、以前は財力のある江南の富裕層の子供たちが、主に大峙洞の塾に通っていました。しかし、今は江南だけでなく、江北はおろか、全国から生徒が集まってきます。IMF危機を経験して『信じられるのは自分の力だけ』と身に沁みて感じた親たちが、子供の教育に一層熱を入れるようになったからです」

教育ママと「偽装転入」

大峙洞に住む主婦のパク・ミンジュさんは、1年前の冬、ソウル麻浦《マポ》区からここへ引っ越してきた。

「前に住んでいた場所も特に不満はなかったのですが、子供の教育環境を考えると、どうしても大峙洞のほうが有利だから引っ越しを決心しました。ママ友たちも、子供が小学4年生くらいになると、大峙洞への転入を準備し始めるケースが多いです。ただ、住宅の価格にあまりに差があって、前に住んでいたマンションを売り払っても、ここでは傳貰《チョンセ》（賃貸契約の一種で、毎月家賃を払うのではなく、最初に高額の契約金を支払い退去の際に全額返してもらう方式。貸主は傳貰金を運用して利益を得る）暮らしになってしまいました」

ミンジュさんが小学4年の息子を連れて大峙洞へ引っ越してきたのは、もちろんここが有名学習塾の中心地だからだが、大峙洞が一般高校の中でも名門高校が集まる「江南8学群」に属しているのも大きな理由だ。一般高校とは、近距離配定を通じて生徒を抽選で選抜する高校のことで、だから入学試験はないが、この地域の一般高校は難関高校に負けないほどの教育水準を持ち、高いレベルの生徒が集まっていて、毎年、ソウル大など名門大学に多数の合格者を輩出している。そのため、子供の成績が難関高校を狙うのは厳しい場合、母親たちは江南8学群の一般高校入学を目指して引っ越しを断行するのだ。しかも、8学群内の中学校は違う学群からの転校を認めていないため、8学群の一般高校へ進学を希望する生徒は、小学生のときから学群内に住んでいなければならない。

大峙洞の学習塾街付近の不動産屋は、ミンジュさんのように子供の有名塾通学や名門高校入学を目的に、全国から押し寄せる教育ママたちの問い合わせで大わらわだ。

韓国随一の名門中学校と評価されているのが、大峙洞のテチョン中学校。その傍にあるMマンションの近くで不動産屋を営んでいるイム・サンホさんによれば、Mマンションの傳貰契約金の相場は2年間で7億ウォン（約6400万円）だという。

「建てられてから30年以上経つ古いマンションですが、テチョン中学への入学がほぼ確実という口コミのおかげで、このあたりでは一番の人気物件です。100平米クラスの部屋で傳貰（契約金）は7億ウォン台ですが、すぐに契約が成立します。しかも、新学期を前にした年初はさらに高騰するんです。ここから1キロほど離れた新築のタワーマンションの場合、テチョン中学以外の学校に振り分けられるケースがあるせいで、契約金は5000万ウォンほど安くなります」

夏休みや冬休みを利用して大峙洞の名門塾で集中講義を受けさせるため、短期間、大峙洞のマンションを借りるママもいる。ただ、休みが間近に迫った6月や11月では空いている部屋がないため、5月あるいは10月から借りるケースも少なくないと、イムさんは言う。つまり塾に2ヵ月通わせるため、4ヵ月分の家賃を払うということだ。

韓国の中央紙「中央日報」が、ソウル市教育庁の資料を引用して報じたところによると、2016年度、ソウル市全体では転入より転出する生徒のほうが5440人多かったが、江南3区に限ると転出より転入する生徒の数が910人ほど多かった。特に、大峙洞の学習塾街から半径1キロ内にある小学校は、新設の学校を除けば、転入者の割合が最も高いと指摘した。また、大峙洞のA小学校は1年生が5クラスであるのに対し、6年生は11クラスもある。同じく大峙洞のB小学校も1年生が3クラス、6年生は7クラスと逆ピラミッド形のクラス構成が当たり前になっているという。ソウル市の小学校全体を見ると、1年生のクラスは3060、6年生のクラスは2924と、むしろ6年生のクラスのほうが少なく、大峙洞の小学校が特殊であることが分かる。

一方、実際には住んでいないにもかかわらず、住民登録だけを大峙洞に移す「偽装転入」で、子供たちを大峙洞の名門校に入学させようとする親たちもいる。「偽装転入」は住民登録法違反で3年以下の懲役または1000万ウォン以下の罰金に処される立派な犯罪だが、韓国の高級公職者に対する人事聴聞会で必ず論議される定番メニューだ。人事聴聞会は2000年に導入され、高級公職者が大統領から任命される前に、国会でその適性を糾す制度である。人事聴聞会の導入以来、たくさんの長官級候補が偽装転入問題で辞任したり、非難を受けてきた。李明博《イ・ミョンバク》元大統領は、子供の教育のために5回も偽装転入を繰り返し、また文在寅《ムン・ジェイン》政権の康京和《カン・ギョンファ》外交部長官は長女を大峙洞の名門女子高に入学させるため偽装転入した事実が明るみになり謝罪に追い込まれた。他にも、兪銀恵《ユ・ウネ》教育部長官や金尚祚《キム・サンジョ》公正取引委員長も同様に、聴聞会で偽装転入を行った経歴が明るみになり問題になった。子供の教育のためなら違法行為も辞さない親が後を絶たないのだ。

大学受験の準備は小5から！　行き過ぎた先行学習の副作用

ミンジュさんの息子、ヒョンジュン君は現在大峙洞C小学校の5年生だ。ヒョンジュン君が通う小学校の前の道路は、下校時間が近づくと自動車で埋め尽くされる。学校から出てくる子供を拾って塾に連れていくため、母親たちの運転する車が待機しているのだ。ミンジュさんは言う。

「学習塾街までは歩いて15分くらいですが、ほとんどの子供は母親が車で送っています。1日に少なくても2～3軒の塾を回るので、子供だけだと時間の管理が難しいんです。子供が塾で勉強している間、ママたちはカフェでおしゃべりしたりしながら時間をつぶします」

２０１２年、教育科学技術委員会所属の国会議員が、大峙洞の学習塾街を歩いていた小学生10人を対象にかばんの重さを測る実験をして話題を集めたことがある。その結果、10人のかばんの重さの平均は８・５キロだった。小学3年生の平均体重が約30キロなので、体重のおよそ3分の1のかばんを背負って塾から塾へ転々としていることになる。

テキストが詰まったかばんを背負って、大峙洞の塾街を歩く小学生（著者撮影）

数学塾や英語塾に通っているヒョンジュン君のかばんもかなり重かった。かばんの中には数学のテキストのほかに、ＴＯＥＦＬリーディング、ＴＯＥＦＬ文法、ＴＯＥＦＬ単語集など、ＴＯＥＦＬ関連のテキストだけで3冊、それに『ハリー・ポッター』の英語の原書も入っていた。ヒョンジュン君が通う英語塾では、毎日3時間ずつ、ＴＯＥＦＬとＴＥＰＳ（ソウル大学が主管する英語能力試験）に向けた勉強だけでなく、小説やエッセイを原書で読んで発表、ディベート（討論）する授業も行っている。ヒョンジュン君は英語塾が終わると近所で待っていたミンジュさんと合流し、20分で簡単に夕食を済ませた後、数学塾へ走っていく。数学の授業も3時間で、中学3年生用のテキストを使って行われる。つまり、小5が中3の授業を受けているということだ。

正規の学校教育課程より先に私教育で学ぶことを韓国では「先行学習」というが、この「先行学習」こそが、大峙洞の学習塾の強みであると同時に、大きな問題があるとして批判される点でもある。まず、学習塾の先行学習によって、公教育が崩壊しつつあることが指摘されている。学習塾で先行学習している生徒たちは、学校で厳しい先生の授業時間中は、聞いているふりをして塾の宿題を行い、寛大な先生の授業時間には、最初からあからさまに睡眠をとる。授業中に寝ておいて、良いコンディションで塾の授業に臨むためだ。教室の雰囲気がこうだから、他の生徒たちも授業に集中することができない。教師のほうも、生徒はすでに先行学習で授業内容を知っていると考え、基本概念を十分に説明しようとしない。

また、子供たちの認知や感情などの発達段階や思考水準とかけ離れた「先行学習」は、逆に思考力や集中力、興味の低下などを引き起こし、表面的、機械的に問題を解く癖がついてしまう恐れがある。さらに、「先行学習」にかかる保護者らの経済的負担も深刻な社会問題となっている。

これを受けて、2014年、朴槿恵《パク・クネ》政権は「公教育正常化促進及び先行教育規制に関する特別法」（別名、先行学習禁止法）を発表した。小学校、中学校、高校で行われている先行学習を規制する法案を作ったのだ。しかし、この法律は、学校など公教育機関の先行学習を全面的に禁止する一方、塾などの課外教育機関に対しては、先行学習の広報活動を禁止するに止まり、むしろ課外教育機関の先行学習にお墨付きを与えたという批判を受けた。

大峙洞の有名塾の先行学習のレベルは想像を超える。市民団体「私教育の心配のない世の中」の調査によれば、大峙洞のD学院の場合、小学5年生を対象に難関高校受験コースのプログラムを宣伝しており、実際小5に高校1年生が学ぶ数学を教えていた。5年もの先行教育である。E塾は夏休み特別講義で小学6年生に高1の数学を教えており、F塾は中学1年生を対象に医大進学コースの生徒を募集していた。

有名塾の人気は過熱し、入塾試験をパスするための塾、いわゆる「セキ（息子という意味）塾」まで登場した。英国の「エコノミスト」誌は、2015年9月、韓国の私教育について書いた記事の中で、13歳の生徒が本来17歳で学ぶ内容を先行学習しているエピソードとともに、「塾に入るための塾」すなわちセキ塾について紹介した。

大峙洞の人気塾は、独自の入塾試験を行い、点数が低ければ塾に入ることさえできない。

有名塾の入塾試験のための塾、いわゆる「セキ塾」が登場したのはそうした理由からだ。（中略）有名学習塾の試験に落ち、セキ塾に通っているというのは大峙洞の親や生徒たちにとっては恥ずかしいことだ。そのためセキ塾は一切広告を打たない。親も子供がセキ塾に通っていることを隠したがる。しかし、有名塾に無事「進学」した後も、セキ塾を訪れる生徒は依然として多い。有名塾で行われる「先行学習」についていけないからだ〉

早期英語教育ブーム

大峙洞G小学校4年のジアちゃんは、夏休みを利用して母親と一緒に、マレーシアへ1ヵ月間の英語キャンプに行ってきた。キャンプ費用は380万ウォン（約35万円）で、ジアちゃんと母親の飛行機代とマンションの賃貸料、そしてジアちゃんの英語の授業費や食費が含まれている。

「ママたちの間では、海外英語キャンプは小学4年生までに行かなければと言われています。うちの子は今回が初めてだったんですが、小3から子供を英語キャンプに送っているママたちもいます。たしかに英語キャンプに行くと目に見えて英語が上達するので、多少無理してでも、できれば毎年送りたいと思っています」（ジアちゃんの母）

キャンプのプログラムは、週5日朝9時から午後3時まで英語のレッスンを行い、レッ

ス ン後は自由時間、週末は観光で構成されている。ひと昔前は、米国や英国、オーストラリアなどへ行く英語キャンプが主流だったが、不景気が続く中、最近は料金が半分で比較的治安が良いマレーシアが人気だという。

「グローバル人材の養成」というスローガンの下、韓国政府は1997年、小学3年生から英語を正規教科とすることを決め、早期英語教育ブームに火をつけた。有名私立小学校では1年生から英語を正規の授業で教え、テストの成績で習熟度別にクラス分けする徹底ぶりだ。私立の小学校の中には、英語だけで授業を行う、いわゆる「英語没入教育」を行うところも登場した。一般の小学校でも、正規の授業ではない放課後授業で、1年生から英語の授業をするようになった。こうなると、韓国の親たちは子供が小学校に入学する前から、英語教育に熱を上げるようになる。

2002年、米国の「ロサンゼルス・タイムズ」に、英語の発音を良くするため、子供に口腔の手術を受けさせる韓国の親たちの記事が掲載された。同紙によると、東アジア人はアルファベットの「R」と「L」を区別して発音することが難しいが、一部の韓国人は舌の下側を切開して舌を長くし柔軟性を高めれば、発音の問題は解決できると信じているという。さらに同じ記事で、ソウル狎鷗亭洞の某開業医はこのような手術を1ヵ月に10件ほど行っており、手術対象者はほぼ5歳未満の子供たちだと報じた。

大峙洞の教育ママたちの間で、いま最も人気のある早期英語教育機関が「英語幼稚園」である。幼児専門の英語塾だが、遊びやしつけなど、やっていることが幼稚園と似ているため英語幼稚園と呼ばれている。英語幼稚園では、早朝から英会話、読み、書きなどを、米国や英国など英語圏の国で作られたテキストを使って教える。休み時間も、ネイティブの先生の指導で英国式の遊びをする。江南の大手フランチャイズ・英語幼稚園では、4～7歳の子供を対象に一日に6～7時間も英語の授業を行う。2019年、自由韓国党のチョン・ヒギョン議員が公開した韓国教育部の資料によると、英語幼稚園はソウルだけで227ヵ所あり、月平均授業料は90万7000ウォン（江南3区の平均は137万ウォン）で、大学の授業料より高いということが分かった。

2008年に誕生した李明博政権は、これほど課外教育が過熱した原因は「英語」にあると見て、公教育機関の英語教育を強化することで課外教育ブームを鎮める方針を打ち出した。その代表が、すべての授業を英語で行う「英語没入教育」の導入だ。しかし、英語没入教育は、むしろさらに私教育を強化することになり、英語没入教育を行っていた名門大学の学生4人が自殺する悲劇的な事件も発生した。

李明博政権の後を継いだ朴槿恵政権は、公教育機関の英語の授業を制限することで英語私教育市場に対抗した。2013年、私立小学校の英語教育を正常化する法案を作り、小学1～2年生に英語を正規の授業で教えることと英語没入教育は違法であるとし、中止を命令した。一部の私立小学校は訴訟を起こすなど強く反発したが、いずれも却下された。しかし、これにより、今度は未認可のインターナショナルスクールが人気を得るという、思わぬ現象が発生した。英語の授業が減った私立の小学校ではなく、すべての授業を英語で行うインターナショナルスクールに子供を通わせることが、上流家庭に広まったのである。但し、外国籍の子供だけが入学できる正式なインターナショナルスクールとは異なり、未認可のインターナショナルスクールは卒業しても韓国の大学に進学できない。そのため、インターナショナルスクール在学中に外国に留学するという、早期留学が流行するようになった。

朴槿恵政権は過度の英語教育を抑制するため、大学入試にも手を加えた。2015年度の修能（大学修学能力試験）で「やさしい英語」が導入され、2018年度からは教科科目のうち英語だけを絶対評価に変えた。生徒たちの英語の負担を軽くして、英語の課外教育を抑えようとしたのだ。しかし、英語で点差が開かなくなると、生徒たちは数学や国語塾などに押しかけるようになり、私教育への依存は減らなかった。

文在寅政権は、公約だった「保育所・幼稚園での放課後の英語授業禁止」を世論の反対で実行できないでいる。前政権から引きついだ「小学1～2年生の放課後の英語授業禁止」

も保護者の反発で施行できないばかりか、むしろ小学生を対象とした英語塾市場は以前より活発化したようだ。政権が替わるたびに、ころころ変わる政府の英語教育政策に不安を感じた国民は、以前よりもさらに学習塾にしがみつくようになったのだ。

2　何でもありの大峙洞塾業界

水泳指導から深夜教習まで

夜11時すぎ、大峙洞の学習塾街にほど近い公園では、バスケットボールに夢中になっている子供たちの姿がしばしば目撃される。過度な勉強で溜まったストレスを発散しているのかと思ったら大間違いだ。この子らはまだ塾の授業中なのだ。大峙洞の小中学生の間では、最近、深夜時間を利用した「スポーツレッスン」がひそかなブームになっている。

２００８年、ソウル市教育庁は、課外教育がこれ以上広がるのを防ぐため、「深夜教習禁止条例」を制定した。これにより、ソウルの学習塾は夜10時になると、すべての授業を終了しなければならなくなった。しかし、体育教室は塾ではなく、「体育施設」に分類されるため、深夜教習禁止条例が適用されない。これを逆手に取った体育の課外教育が盛んになっているのだ。

江南区の私設プールでは、水泳のコーチがレーンの一つを借りて、小学生たちに個別指導するプライベートレッスンが頻繁に行われている。レッスンは生徒たちが学習塾を終えてから参加できるように夜9時過ぎから始まり、プール場のドアを閉める時間まで続く。週2回のレッスンで月に20万〜30万ウォンの授業料を払うのが相場だ。

塾の勉強だけでも大変な小学生たちが水泳のプライベートレッスンまで受けなければならなくなったのは、2014年に起きた「セウォル号沈没事故」と深い関係がある。高校生を含め、299人の死亡者を出したこの事件以降、韓国では安全強化のためにさまざまな施策が行われるようになった。「生存水泳」もその一つで、韓国教育部は学校に、小3〜小6を対象に「生存水泳」を教えることを義務付けたのだ。そのため、水泳の先行学習が流行する一方、1クラス40人余りの生徒を2〜3人の水泳コーチで指導する学校の授業では、学期が終わっても水に浮かぶことすらできない生徒も多く、半分以上の生徒が水泳の課外レッスンを受けている。

水泳のほかに100メートル走や縄跳びなどの深夜授業も、小中学生に人気を集めている。ペーパーテストがなく内申書の成績と面接だけで合否が決まる難関高校（英才高校を除く特目高や自私高）の受験では、主要科目だけでなく音楽、美術などの芸術科目や体育科目でも良い点数を取る必要があるからだ。

一方、大学受験を控えた高校生たちは、体育の授業の代わりに、違法な深夜教習を受けている。夜10時を過ぎると塾の入り口にシャッターを下ろし、灯りが漏れないよう窓にぶ厚いシートを貼って、法律違反の深夜授業を行っている学習塾が少なくない。塾の近くにアパートを借りて、夜10時になると先生と生徒たちはここへ移り、未明まで授業を続けるところもある。大峙洞の子供たちは、深夜教習が行われるアパートのことを「自習室」と呼んでいる。

「毎日経済新聞」が報じたソウル市教育庁の「深夜教習摘発」統計によると、不法深夜教習で摘発された学習塾は2015年が213ヵ所、2016年が234ヵ所、2017年には162ヵ所と、毎年200ヵ所前後となっている。しかし、実際に違法な深夜教習を行っている学習塾の数は、摘発件数を大きく上回ると教育専門家は見ている。江南には数千軒の学習塾があるのに対し、取り締まり要員はたったの5人しかおらず、とても効果的な取り締まりが行われているとは思えないからだ。

他にも、夜10時以降は塾が所有する通学用バスの中でテストを行うところがあれば、スマホのアプリを使って24時間指導してくれる塾もあり、韓国政府の深夜教習取り締まりの実効性は非常に低いと言われている。

生徒が対象のメンタルクリニックも大流行

過度な学業ストレスに苦しんでいる大峙洞キッズのための「メンタル治療」も最近流行っている。大峙洞に近い道谷《トゴク》駅の傍でメンタルクリニックを開いているイ・ミヒョン所長は、大峙洞ママの間で人気の高いカウンセラーの一人だ。イ所長本人がソウル大学を卒業し、夫はソウル大学医学部出身の医師、息子もソウル大学に通っている。取材中に出会ったある大峙洞ママは、ママたちの心理についてこう話してくれた。

「このママたちが人を見るとき、もっとも重要視するのが出身大学です。本人がどこの大学を出たのかも大事ですが、子供をソウル大学に入学させたということは、大峙洞ママたちにとってまさに羨望の対象です。子供の教育に成功したのだから、この人は信じられると見なされます」

大峙洞周辺のメンタルクリニックでは、通常一時間あたり20万ウォンのカウンセリング料を取っている。週1回、月に4時間カウンセリングを受けるのが一般的だそうだ。

イ所長のクリニックには、5歳から高校生まで幅広い年齢の生徒たちが訪れる。

「最近では、英語幼稚園に通う7歳の女児がいちばん若かったです。幼稚園で攻撃的な行動をし、授業態度も散漫な様子だったので、原因を知りたいと母親が連れてきました。カウンセリングの結果、母親が子供に強圧的に勉強させていたのが原因でした。子供は家で欲求が抑えられると、それをどこかで発散しなければならなくなります。その子の場合は幼稚園での過激な行動にそれが現れたんです」

それでも幼稚園や小学校のときに親が異常に気付いて、カウンセリングを通じて早めに子供たちのメンタルをケアできた場合は、それ以上大きな問題にはならないという。深刻なのは、優等生が大学入試を控えたある日突然に「バーンアウト」するケースだ。

「幼稚園のときから全校トップを通していた生徒が、高校2年生になって、突然、登校拒否になり、引きこもったケースがありました。その生徒は小学生のときから休む間もなく塾を転々としていました。中学生まではそれでも何とかやっていけていたのですが、高校生になってからストレスが一層ひどくなって、身体的にも問題が出てきたのです。ある日、体の具合が優れなくて『お母さん、今日は塾に行けそうもない』と訴えました。しかし、母親は塾を休むことを許しませんでした。結局、その子は一応塾に行ったものの、だんだん母親に腹が立ってきたのです。こんなに痛いのに休むことも許さない、無理やり自分を塾に行かせた母親がどんどん憎らしくなってきました。苛立った心で席に座っているだけで、先生の授業も耳に入らなくなりました。それでも、しばらくはその後も休まず塾に通ったそうです。しかし、勉強はしないでぼんやりと座っているだけでした。そんなことが繰り返され、塾の勉強に追いつけなくなり、自分の部屋からも出られなくなったのです」

イ所長によると、勉強によるストレスで体の不調を訴えるケースは少なくないという。

「今の子供たちは親が作ったハードなスケジュールに合わせて生きています。子供たちは機械じゃないのに、朝は学校に行って、夕方ちょっと休んで、またすぐにスケジュールに合わせて塾を転々とします。塾に行くと、また宿題が出るじゃないですか。結局、最近の小学5〜6年生は夜12時過ぎまで勉強をしています。このような生活が高校まで続くと、疲労が累積されて無気力になり、特別な理由がなくても体に症状が現れます。体全体が痛くて、まともに黒板を見ることができない。吐き気がして授業時間中伏せたままの子供もいます。しかし、病院に行っても内科的な診断は特に出てこないのです。体全体が疲れて、朝起きて学校に行っても椅子に座っている気力さえ出ない……こんなことが長く続いてから、やっと両親も大変だと気付いて、子供を連れて相談に来られるんです」

幼いときから名門大学を目標に、休むことなく、ひたすら走ってきた大峙洞キッズたちが、肝心な受験を目の前にして「バーンアウト」することは珍しくないらしい。嫌で嫌で仕方ないけど、そこから抜け出すこともできない。子供たちの悲鳴が聞こえてくるようだ。

東京の大峙洞キッズ

東京都港区に住むキム・ユジンさんは、夏休みが始まるとすぐに韓国へ一時帰国した。

韓国の有名塾が開く「ＳＡＴ夏休み特別講義」に出席するためだ。

ＳＡＴ（Scholastic Assessment Test＝大学能力評価試験）とは、米国で最も広く使われている大学受験のための標準テストで、よく「米国版センター試験」とも言われている。ＳＡＴには2種類あり、一般的にＳＡＴと呼ばれるのは、ＳＡＴ論理試験のほうだ。読解、数学、エッセイ（論述）の3科目からなるが、英語の能力を評価するのが主な目的で、数学の難易度は中3レベルとさほど高くない。テストは１６００点満点で、名門大学であるほど要求するスコアも高い。ＳＡＴは、米国では一年に7回、海外では6回行われており、何度も受けて最も良い成績を大学に提出することができる。また、ＳＡＴは、韓国の大学が海外に居住する生徒たちの合否を決める「在外国民特別選考枠」でも、重要な評価基準となる。ちなみに、慶應や上智、ＩＣＵなど日本の大学でも、帰国子女の学力評価基準としてＳＡＴを最も重視している。

現在、東京都品川区大崎にあるインターナショナルスクール11年生のユジンさんは、米国の大学への進学を目指しているそうだ。

「韓国の大学は受験競争が激しいし、どんなに良い大学を出たとしても韓国では就職が難しいじゃないですか。日本語はほぼできないから、日本の大学に進学するのは無理だと思うし。できれば、米国の大学へ進み、卒業しても米国で暮らしたいです。そのためにはＳ

ATのスコアがとても大事なのですが、日本にはまだ慣れてなくて良い塾をなかなか見つけられなかったんです。韓国のSAT塾で夏休み特別講義を受けた友達から勧められて、去年の冬休みから大峙洞のSAT塾の授業を受けるようになりました。結構なお金がかかるので親は最初反対しましたが、私が『授業料は貯金から払う』と言ったら許してくれました」

日本は米国と並んで、韓国のサラリーマンたちに最も人気のある海外赴任先だ。単身赴任することが多い東南アジアや中国と違って、日本へは子供を含め家族全員で渡るケースが多い。そのため、子供の教育問題は、在日駐在員にとって最も大きな関心事である。大学受験を控えた子供のいる家庭では、常に韓国からの入試情報に耳をそばだてている。ユジンさんの母は語る。

「駐在員の妻が集まると、話題はいつも子供の教育問題で、お互いに知っている情報を交換します。大学入試のやり方が頻繁に変わるせいで、海外に出ている家庭はとても不安なんです。東京でも毎年4月から、韓国の大学入試説明会が開かれます。大きなイベント会場を借りて開いたり、駐在員の家で親しいママたちだけを集めてお茶会みたいな感じで行われたり、形はいろいろだけど、韓国の有名塾の進学カウンセラーが来日して、大学入試について説明してくれるんです。そのとき、塾がやっている夏休み特別講義についても説明がありました。うちは長男が浪人生で、韓国へ帰って予備校に通っているので、娘まで韓国へ行かせるのは、正直経済的にちょっときついです。でも娘が貯めていたお年玉まで出しながら、絶対行くと言い張るので根負けしました。夫も私も経済的なことを考えると、娘を米国の大学へ進学させたいとは思ってないです。ただ、聞いたところ、米国の名門大学に合格した後に韓国の大学を受験すると有利なんだそうです。面接の時に、米国の大学に受かった話をして、合格したケースが多いそうですよ」

SAT塾の高額授業料

一人で韓国へ帰ったユジンさんは、ソウルにある親戚の家に泊まりながら大峙洞のSAT専門塾に通い始めた。ユジンさんが通っているSAT専門塾では、夏休みの間、毎週月曜日ごとに新しい「特別班」がスタートする。世界各地からやって来る生徒たちの、夏休みの始まる日がバラバラだからだ。

この塾の進学コンサルタントであるイ・ヒョンジュさんは次のように説明する。

「うちの塾は、ふだんは米国はじめ海外の大学を目標に受験の準備をする韓国の生徒が多いのですが、夏と冬の休み期間は世界中から生徒が集まります。進学カウンセラーと有名講師が毎年、シンガポール、マレーシア、中国など、韓国人留学生が多い海外のインターナショナルスクールを回りながら説明会を開いて、現地の生徒を勧誘します。ふだんは『単科クラス』という科目別授業が中心ですが、休み期間中はＳＡＴ全科目を集中的に勉強できる『綜合クラス』が人気です。授業は週5日ですが、土曜日も授業を行う週6日クラスもあります。土曜日は毎週模擬試験を実施するなど、テストが中心になります」

この塾の週5日、一日8時間授業を行う「特別班」の授業料は、1週間に70万ウォン。しかし、これは他のＳＡＴ専門塾よりかなり安いとイさんは言う。

「大峙洞の学習塾街の平均授業料は、1週間に100万ウォンくらいです。定員10人前後のエリートクラスを設けて、6週間で1000万ウォン以上を受け取っているところもあります。ＳＡＴでこれまでに1400点以上を獲得したことのある生徒だけで構成した特別クラスです。しかも、毎週クラス分けテストを実施して、常に生徒を入れ替えています。そういった刺激が生徒のモチベーションになるのは事実ですから」

ユジンさんが選んだのは、生徒数30人で、1週間に5日授業をする「特別班」で、授業の時間割りは以下の通りである。

9:00 – 10:30 Reading
10:40 – 12:00 SAT Math
13:00 – 14:50 Writing & Language

15:00－16:00 Reading
16:10－17:00 Essay
17:10－22:00 Self Study

17時に授業が終わったら、ユジンさんは、ひとまず塾の外に出て、近くで夕食を済ませた後、再び塾に戻って自習を開始する。

「家で勉強するより、友達と一緒に塾に残って自習したほうが捗ります。分からない問題があればすぐに先生に教えてもらえるし、何かと便利です。塾の近くにファストフード店とコンビニも多くて夕飯をとるのに問題はありません。クラスのみんなも必死に勉強しているから、良い刺激になります。大変なのは、今お世話になっているおじさんの家が塾から遠いことです。電車で40分ほどかかるので、塾が終わって家に帰ると23時になってしまい、結構疲れます。同じクラスの友達の中には、通学時間を減らすために母親と一緒に韓国へ来て、塾の近くにマンションを借りて暮らしている子もいます。その子の話だと、夏休みの間、少なくとも1500万ウォンかかるそうです」

韓国教育部の「塾の設立・運営および課外教習に関する法律」では、各地方の教育支援庁が塾の受講料の上限を決めることになっていて、これに違反した場合には、罰点20点が科される。そして、罰点の合計が65点を超えると、営業停止処分が下される。大崎洞地域を管轄している江南・瑞草区教育支援庁は、語学塾の受講料の上限を一分あたり287ウォン、一時間あたり1万7220ウォンと規定している。一日8時間授業したとして、一日に最大限もらえる受講料は13万7760ウォン、一週間(週5日)だと68万8800ウォンだ。つまり、ほとんどのSAT専門塾はこの規定に違反していることになる。だが、毎年実施されている政府の「学習塾指導点検」で、高額受講料のために罰点が科されたケースはほとんどない。受講料の一部をテキスト代やその他実費扱いにするなど、お粗末な法律の綻びを見つけて巧みに逃れているのだ。

大峙洞キッズのアイドル「一打《イルタ》講師」

5月のある日曜日、午前7時過ぎに大峙洞の学習塾街にあるビルの中を覗くと、興味深い光景が広がっていた。ビルの3階から1階まで、階段にずらっとかばんが一列に並んでいるのだ。かばんは派手な色のリュックサックからシックなモノトーンのメッセンジャーバッグまでさまざまだが、ぺちゃんこなところを見ると、中身はほぼ空っぽなようだ。しばらくすると女子高生に見える少女が現れた。彼女は自分のものと思われるバッグを手に取ると、中から座布団を取り出しその上にぺたんと座り込んだ。そして、持ってきたもう一つの大きなかばんからスマホを取り出し、ゲームに熱中する。

少女と同じ年頃の子供たちが一人二人と集まって、狭い階段が人波でぎゅうぎゅう詰めになった8時半ごろ、中年女性がエレベーターに乗って3階に上がって来た。この女性の登場で場の雰囲気は急変した。無表情にスマホをいじっていた子供たちが、緊張した面持ちでかばんを握って立ち上がる。女性が固く閉められていたドアを開けると、子供たちはサッと中に入っていった。ドアの向こうは広い講義室で、子供たちは前から順に席を埋めはじめた。

子供たちを講義室の中に入れた女性は、大峙洞でも5本の指に入る名門塾・イガン予備校の進学カウンセラーであるシン・チョンへさんだ。彼女に今の光景について解説してもらった。

「日曜日は、数学の一打《イルタ》講師であるヒョン・ウジン教授の現講《ヒョンカン》がある日です。一打講師の授業日は、少しでも良い席で授業を聞こうと、生徒たちが明け方から並びます。どうしても臨場感が違いますから。以前は、日曜日にビルの入り口が開く時間は朝の8時ごろでした。当然、人気のある先生の授業がある日は朝早くからビルの前に生徒たちの列が作られていたのですが、それがどんどん早くなってしまって、夜明け前の4時、5時ごろから待つ生徒が現れたんです。生徒たちがビルの中で待っていられるように、早朝からビルを開けることにしたのですが、ある日から人の代わりにかばんが列を作るようになりました。

子供たちを少しでも長く寝かせようと、母親たちが子供の代わりにかばんを置くようになったんです」

「一打講師」とは「№1スター講師」の略で、同じ科目の先生の中で最高の売り上げを誇る人気講師を指す。大型学習塾では一打講師のことを「教授」と呼んでいる。「現講」というのは「現場講義」の略だ。イン講（インターネット講義）の有名講師の授業を教室で直接聞く方式で、当然人気も高い。

やがて9時になり、一打講師であるヒョン教授が登場し授業が始まった。

「今から私が言う言葉一つ、しぐさの一つまで絶対覚えておくように。必ず試験に出るからね！」

9時から始まったヒョン教授の授業は休み時間もなく2時間半ぶっ続けで進んだが、居眠りしたり別のことをする生徒は一人も見当たらなかった。

スター選手顔負けの一打講師の年俸

数学の一打講師であるヒョン教授は、米国のスタンフォード大学で数学を専攻した秀才だ。2011年から大峙洞の学習塾で生徒を教えはじめ、教え子の中から数学で満点を取る者を100人以上輩出した。実績を認められた彼は、韓国最大手の教育企業「メガスタディー」からスカウトされる。現在は、現講とイン講を合わせて、韓国で最も多くの生徒を抱える一打講師だ。2018年、31歳の若さで江南に320億ウォン（約29億円）のビルを購入したことが話題になり、マスコミのスポットライトを浴びている。

一打講師の影響力は、学習塾街にとどまらない。本を書けばベストセラーになり、TVに出演すれば視聴率が跳ね上がる。「韓国史」の一打講師ソル・ミンソク氏は「国民的講師」と呼ばれ、TVにレギュラー番組を持っている。講義を収録した本は、2017年に某ネット書店の読者投票で1位に選ばれた。「社会」の一打講師だったチェ・ジンギ氏も、活動範囲を広げて社会人向けの人文学講師として大活躍している。ケーブルTVのバラエティ番組で人気者となったチェ氏は、「業界の度を越した争いや足の引っ張り合いに疲れた」と、学習塾講師からは引退することを表明した。

一打講師は、韓国社会の最上層に位置するエリート中のエリートである。学歴はいずれもソウル大学をはじめとした韓国の一流大学ばかり。スタンフォード大学やイェール大学など米国の名門大学出身者も少なくない。年齢は20代半ばから30代半ばで比較的若く、容姿も秀麗。そして、もっとも驚くのは彼らの収入だ。

前出のイガン予備校・シンさんは言う。

「スター講師たちの年俸は完全な実績主義で、売り上げによって決まります。独占契約するイン講企業との契約金が、年に10億〜15億ウォン。講義の売り上げは40％を彼らが持っていきます。大手予備校で行う現場講義料は50％が収入になります。他にも執筆したテキストの印税が10％、これらを合計した金額が年収です。塾業界では、彼らの年収は軽く100億ウォンを超えるだろうと言われています」

天文学的なお金を稼ぐだけに、一打講師になれるのは、ごく一握りだ。数学、英語など主要科目では、一打講師になれるのは数千人に一人と言われるほど競争は激しい。他の講師をはるかに凌ぐ講義コンテンツ、生徒たちが退屈しない伝達力などが必要条件だ。ほとんどの一打講師は、自分だけのコンテンツ開発のために「シンクタンク」を作り、数億ウォンの年俸を払って修士や博士クラスの人材を雇っている。また、秘書の役割をする「助教」を5〜10人雇って、講義の準備や雑務を任せている。さらには、イメージを守るために専属のマネージャーやコーディネーター、メイクアップアーティストまで擁する。太ることを恐れて地道に運動し、禁煙して肌の管理にも気を遣う。

しかし、シンさんは、こうした一打講師は極めて少なく、大半の塾講師たちは一般サラリーマンよりもかなり悪い待遇しか得られていないと話す。

「塾業界は徹底的に勝者独り占めの社会です。数十億ウォンから数百億ウォンの年俸を得られる一打講師は1％もいません。大多数の講師が、月に200万ウォン余りの講義料で生活しています。しかも彼らには、退職金をはじめ、いかなる社会的保障もありません」

コンサルティング塾と入試代理母の登場

ソウル市鍾路区《チヨンノ》に住むキム・ウンジョンさんには、小学3年生の息子がいる。今年初め、ママ友の誘いで大峙洞にあるコンサルティング塾を訪れた。

「息子はまだ小さいし、それほど真剣に考えていなかったのですが、ママ友から子供の適性を検査して進路についてアドバイスをくれる塾があるから、と誘われたんです」

ウンジョンさんが息子を連れて訪ねた大峙洞のGコンサルティング塾は、カウンセラー兼進学コンサルタントというスタッフ2人でやっている小さな塾だった。診断は簡単な適性検査から始まり、約10分間の口頭テストで子供の適性を判断。それに合った進学先を選び、入試のために必要な課外授業が一目で分かるように提示された。科学に素質があるという結果が出たウンジョンさんの息子には、科学高校の受験に必要な塾や課外活動のスケジュール表が出された。

「適性検査と1時間の相談に90万ウォンを払いました。適性検査が30万ウォン、カウンセリング料が一分につき1万ウォンだそうです。正直10分で子供の適性を判断できるとは思えませんが、仕事が忙しくて息子の塾選びに困っていたので、とりあえずここで出されたスケジュール通りにやってみたいと思います」

毎年「劇的」と言われるほど変化する教育政策によって、複雑になりすぎた高校や大学の入試制度は、ウンジョンさんのような普通の母親にはとても把握できない。しかし、子供の将来を考えると諦めるわけにもいかない。こうした母親たちを対象に、子供の進学コンサルティングを行う専門塾が、韓国全域で雨後の筍のように生まれている。ソウル市教育庁が2018年6月に発表した「学園・教習所現況」によると、ソウルのコンサルティング塾の数は40で、そのうち31社が江南に集中しており、これらのコンサルティング塾が開設した個別進学講座数は397に上る。

「入試代理母」というユニークな職業も登場した。子供を難関大学に入れた経験をもとに、受験生たちの進路に合わせた学習プランを組んでくれる入試コンサルタントを指す。2015年に某教育機関が選定した今年の新造語に選ばれて以来、韓国ドラマでもよく登場するようになった。

大峙洞の塾業界では、子供の入試に成功した保護者が教育市場に参入することは昔からよくあった。これら「入試代理母」たちは、数人の学生を担当し、志願する学校の選択から学校の成績（内申点）の管理、塾の選び方、入試の準備まできめ細かく指導し、必要によっては寝食を共にしながら勉強の習慣までしつけてくれるという。主に入試コンサルティング塾を通じて求職求人は行われるが、江南の高級マンションでは「入試コンサルタント募集」という張り紙がたまに目に入る。報酬は月数百万ウォンから数千万ウォンとバラバラだ。

ソウル南東部にあるベッドタウン盆唐《ブンダン》に住むソ・ヨンソンさんは、息子2人を難関大学に入学させた実績を持つ母親で、自身の経験を生かして入試代理母を始めた。ヨンソンさんは週に一度、生徒の家を訪問して1時間ほど成績が良くない科目の学習方法を指導する。また、生徒ごとに大学入試に必要な校内活動の点数を稼ぐためのポイントを指摘し、それに役立つ塾を探して提案する。さらに、生徒のスペックに合わせて、入学可能な大学の最新情報も提供する。このようにして、3人の生徒を管理するヨンソンさんの1ヵ月の収入は1000万ウォンを超えるという。簡単に見えても、膨大な情報力と努力が必要だというのがヨンソンさんの主張だ。

「毎朝起きると、教育部のホームページにアクセスします。入試制度がいつ変わるかもしれないので、毎日チェックしなければなりません。高校の入試担当の先生たちにも、頻繁に連絡することが必要です。現場で何か新しい情報が出ていないか、教えてもらうためです。大学教授たちとも親交を結んでおきたいところです。うまくいけば彼らから、まだ出回っていない入試情報を得られるかもしれません」

入試コンサルティング塾や入試代理母が人気を得ている背景には、韓国の教育政策があるとヨンソンさんは言う。

「世界で最も複雑な韓国の入試システムを、普通の母親たちが把握することはほぼ不可能です。そこで、彼女たちは自然と塾に依存するようになります。しかし、塾も生徒一人一人を細かく管理することはできないので、母親の立場とすれば自分の子供に特化した情報や指導法がどうしても欲しくなるんです。その点、入試コンサルタントや入試代理母は、優れた情報力とノウハウで子供たちを一人一人丁寧にケアしてくれるから、経済的に余裕がある家庭はいくらかかっても雇いたいんじゃないでしょうか」

3　政治に振り回される韓国の教育政策

韓国の高校は多種多様

日本と同様に中学までが義務教育の韓国だが、高校からはさまざまなタイプの学校を選択することができる。

韓国の高校は、大きく一般高校、特目高（特殊目的高校）、自律高（自律型高校）、特性化高校に分類される。一般高校は、受験をしないで抽選で進学できる一般的な高校のことだ。特目高は専門的な人材の養成を目的とした高校で、英才高校や科学高校、外国語高校、国際高校、芸術高校、体育高校、マイスター高校などに分かれる。自律高は多様な教育のために教科科目や授業の方式について裁量権を与えられた高校のことで、自私高（自律型私立高校）と自公高（自律型公立高校）とがある。特性化高校とは、特定分野の技術を持った人材の育成や特技・適性を活かすための高校だ。一般的に実業系と呼ばれ、職業訓練と実習を中心に教育課程が構成されている。

まるで、スーパーに並んでいる商品のようにいろいろな高校がある中で、韓国の受験生や親たちの憧れの的といえば、韓国最高の難関高校である英才高校だ。毎年、韓国が新学期を迎える3月になると、英才高校の入学説明会が開かれる。4月から願書の受付が始まり、入学の選考は5〜7月まで3段階に分けて実施される。最初が書類審査で、これをパスすれば、次が「英才性検査」という筆記試験だ。そして、最後が1泊2日の「英才キャンプ」と呼ばれる面接で、7月までに合格者が発表される。韓国の高校入試で筆記試験があるのはこの英才高校だけで、全国に8校しかなく、2018年の倍率は14・01だった。

続いて8月からは、科学高校を先頭に、芸術高校、体育高校、マイスター高校、特性化高校などが入学選考を開始し、10月までに合格者を発表する。これらは「前期学校」と呼ばれる。

前期の入学選考が終わった11月からは、外国語高校や国際高校など残りの特目高と自私高、自公高の入学選考が始まり、一般高校への志願もスタートする。これらは「後期学校」に分類される。

百パーセント抽選で入学できる一般高校を除いて、韓国の高校の入試方法は、学校ごとに多少の違いはあるが、基本的に「自己主導学習選」を原則とする。つまり、高校受験のための無理な先行教育や課外教育を防ぐため、中学在学中の活動を総合的に評価するという原則だ。英才高校以外はペーパーテストを実施せず、中学校での成績と校内の活動評価点数、そして面接を通じて学生を選抜する。

言うまでもなく、抽選で生徒が割り振られる一般高校に比べ、優秀な生徒を選抜できる特目高や自私高は難関大学への進学率がはるかに高い。さらに、特目高や自私高は、英語没入教育や全寮制など、一般高校では不可能な方法で生徒たちを教育し、一般高校の何倍もの授業料を取っている。教育情報サイトである「学校アリミ」(https://www.schoolinfo.go.kr/)によると、一般高校の年間平均授業料は106万ウォンだが、有名自私高の1年間の学費は最低で987万ウォン、最高は2000万ウォンを超えている。

ソウルにある一般高校・漢西高校のキム・ジョンヒ教頭は、特目高と自私高こそ、課外教育を過熱させている原因だと話す。

「一般高校の生徒たちは、本人の希望ではなく抽選で学校を割り振られるため、授業に対する熱意が不足する面があります。希望校の入試に落ちた生徒ほど、そのような傾向が強いです。しかも、生徒の特性を生かした専門的な人材を育成するという趣旨で設立された特目高や自私高が、単に名門大学の入学に有利な『難関高校』と認識されてしまい、優秀な生徒たちが殺到するようになりました。半面、一般高校は成績が足りなかったり、親の経済力が低い生徒たちが行くところだという誤った認識があるのも事実です。それゆえ、中学生はもちろん、小学生までが受験戦争に巻き込まれてしまったのです」

もともと外国語高校や国際高校などの特目高と自私高は前期学校に含まれていたが、文在寅《ムン・ジェイン》政権の下で２０１９年から優先選抜権を剝奪された。つまり、外国語高と国際高、自私高を後期に回し、一般高校と同じ時期に生徒を選ぶようにしたのだ。そして、外国語高や国際高、自私高の入試に失敗した場合、一般高校への進学も不可とする「重複支援禁止法」などを作り、自私高などを「枯死」させる作戦に出た。しかし、存立を脅かされた自私高などは、これに対して効力停止仮処分を申請し、２０１９年4月、憲法裁判所は文政権の「重複支援禁止法」を「違憲」と判断した。すなわち、自私高などの入試に失敗しても、一般高校へ進学できるとしたのだ。文在寅政権の選挙公約だった自私高を一般高校に転換させる政策は、こうして失敗に終わった。

国を挙げての一大イベント「修能試験」

小学校入学から12年間、ひたすら名門大学入学のために駆け続けてきた子供と親たちにとって、「修能（大学修学能力試験）」が行われる日は人生を賭けた決戦の日だ。また、大学進学率が70％近い韓国では、毎年11月に行われる修能は国を挙げての一大イベントでもある。

試験問題の出題委員に選ばれた大学教授たちは、保安上の理由で試験が終わるまで外部と隔離される。

修能当日は受験生たちが円滑に試験場に到着できるよう、役所をはじめ多くの会社で出勤時間が1時間遅くなる。警察は、親や生徒たちから連絡を受けると、サイレンを鳴らした白バイで受験生を試験場まで運ぶ「受験生緊急輸送作業」に全力を注ぐ。

英語のヒアリング試験が実施される午後1時5分〜1時40分までは、韓国全域ですべての飛行機の離着陸が禁止される。飛行機の騒音がヒアリング試験に影響

修能当日、白バイで試験場に運ばれた受験生

(Yonhapnews／ニューズコム／共同通信イメージズ)

しないようにするためだ。

多くの親たちは、縁起を担いで飴を身に付け、試験が終わるまで正門の前に立っている。韓国の伝統的な飴は軟らかくてべとべとくっつくが、韓国語で「くっつく」という動詞は「合格する」という意味も持つからだ。さらに、お寺で108拝を行う母がいれば、教会で夜明けからお祈りする母もいる。これらは、毎年受験日になると見られる風物詩である。

このように韓国社会を大騒ぎさせる「修能」は、1994年から導入された大学入試のための全国共通の試験だ。それまで行われていた「学力考査」が、試験科目の多さと暗記力を問う出題傾向により、生徒たちに過重な負担を与えると批判されたため、修能では試験科目を減らして思考力を試す問題が増やされている。

子供が修能を受けている間、寺で祈りを捧げる母親たち（ロイター＝共同）

だが、修能の導入は受験生たちの負担を減らすどころか、むしろ増加させた。教科書の範囲内から出題されていた学力考査に比べ、理解力を重視する修能の問題は教科書だけを勉強していても解けない問題が多く、逆に学校以外の課外授業をあおる結果を生んだのだ。修能の特徴である「長い問題文」を短時間で読解するスキルを学ぶ読書塾などが新たに登場し、課外教育にさらに拍車をかけた。保護者の経済的負担も増している。また、修能の点数が重視される入試体制では、いくら内申の成績が優れ、充実した学校生活を送った生徒でも、修能の成績が悪ければ難関大学には合格しにくい。一方、学校生活はいい加減でも修能の成績さえよければ、難関大学への合格が可能になり、「大学入試が学校教育を駄目にする」という声も強くなった。

そこで、金泳三《キム・ヨンサム》政権は国公立大学の随時募集（随時）を認める方針を発表、1997年から高校の校長推薦による入試選考が開始された。導入初期は推薦による随時の割合は1～2％ときわめて少なかったが、徐々に増加し、2007年、盧武鉉《ノ・ムヒョン》政権のときには51・1％まで拡大された。李明博《イ・ミョンバク》政権、朴槿恵《パク・クネ》政権でも随時の拡大は続き、70％を上回るように。文在寅政権下の2019年大学入試では、随時の割合が76％と史上最高になるだろうといわれている。但し、ソウル大学など、大学によっては修能の点数によるカットラインが設けられているところもあり、それをクリアしないと合格は取り消される。それに、浪人生は基本的に随時選考が不可能で、少ない定時（修能試験）枠の中でさらに厳しい競争を繰り広げている。

随時の罠

受験生の大多数の運命を左右する随時募集の選考方式は「学生簿教科選考」「学生簿総合選考」「特技者選考」「論述選考」などいくつかあり、これもなかなか複雑だ。学生簿教科選考とは、出身高校から提出された学生評価記録簿のうち教科の成績だけで評価する選考方式だ。学生簿総合選考は、学生評価記録簿のすべての項目を総合的に評価する。特技者選考は外国語や音楽、美術、体育など特定の分野に秀でた生徒のための選考、論述選考は論述だけで選考する方式だ。大学ごとに少しずつ異なるが、学生簿教科選考と学生簿総合選考が大きな割合を占めていて、特に学生簿総合選考は随時全体の60％以上を占めている。

前出の漢西高校・キム教頭は、学生簿総合選考について次のように説明する。

「現在の大学入試は『学総時代』と言われるほど、学生簿総合選考が大きな割合を占めるようになりました。受験生たちが、どれだけ充実した高校生活を送ったかを評価するため、内申のほかにも、ボランティア活動、部活、希望の進路に向けてどんな活動を行ってきたか、といった教科以外の成績、さらに読書活動や受賞実績なども含めて総合的に評価されます。これに自己紹介書と推薦書、面接も審査基準に入ります」

問題は、このように複雑で多様化した評価項目が新しい塾の登場を誘発しているということだ。たとえば、大学は学生簿総合選考の基準として、学業力量、専攻適合性、人物、発展可能性など4項目を提示する場合が多いが、これへの対策として「人性授業」という課外授業が登場した。「カンニングする友達を見たらどうする?」「スタディーグループで課題に取り組んでいるとき、サボっている友達を見たらどうする?」など、日常生活でよく接する状況を整理してどう行動すべきかを教える課外授業で、授業料は一時間あたり10万ウォンから数十万ウォンにのぼる。

キム教頭も、随時が課外教育をあおっていると話す。

「ひと昔前には、ボランティアの点数を稼ぐため、学習塾で生徒を募集し東南アジアやアフリカなどへ海外奉仕に行くことが流行し、教育部が校外のボランティア活動は学生簿の評価に含めないよう指示を出すといったことがありました。ボランティア活動だけでなく、最近は校外活動より校内活動に高い評価をする傾向にあります。部活も既存のサークルで活動するより、自主的に新しいサークルを立ち上げて活動したほうがリーダシップなどの面で高い点数をもらえました。すると最近、学習塾が自主サークルを作る方法を教え、さらに校内のメンバーもつけてくれるという授業を始めて、また評価方法に対する議論が巻き起こりました。政府や学校がどんなに頭を絞って制度を改めても塾にはかなわないんです。覚悟が違うというか、塾の先生たちこそ入試に生死をかけていますからね」

そのほかにも、随時に必要な自己紹介書を作成してくれる塾や、学生簿総合選考の点数を稼ぐのに効果的な校内活動を指導するコンサルティング塾も盛況だ。富裕層の中には、ゴーストライターを雇って子供の名前で自費出版をし、学生簿総合選考の点数を稼ぐ例もある。大学教授が子供の随時のために、論文の共同執筆者に子供の名前を加える不正もたびたび発生する。2019年5月13日、教育部と科学技術情報通信部が公開した「未成年の共著者論文や不良学会への参加問題の実態調査結果と処置現状」によると、2007年から2018年までの間に、ソウル大学をはじめ、50の大学で139件の論文不正が確認された。

こうした事例は枚挙にいとまがない。おかげで受験生と保護者の間では、「随時こそ不公正だ」という意見が支配的だ。2018年2月、某予備校が高校3年生を対象に行った調査では、なんと81・8%が「随時より定時（修能試験）のほうが公平だ」と答え、随時のほうが公平だと答えた生徒は9・5%に過ぎなかった。2017年に「公正社会国民の会」という市民団体が3000人以上の保護者を対象にした調査でも、84%が最も不公正な大学入試として「学生簿総合選考」を選び、94%が「定時が最も公正な大学入試だ」と回答した。

新自由主義と韓国の教育政策

現在行われている韓国の教育政策の基本は、金泳三政権にまで遡る。韓国最初の民主政権だった金泳三政権は、軍事独裁政権の下で画一的かつ一方的だった教育政策を全面的に改革する「5・31教育改革」を宣言した。この金泳三政権の教育改革には、多様性と自律性が謳われていたが、その裏には教育政策にも競争原理に基づく新自由主義を導入しようとする意図があった。つまり、グローバル化時代に合わせて、学校や教師など「供給者」中心から、保護者や生徒など「消費者」中心の教育にチェンジし、「消費者」の選択する権利を尊重する方向に転換したのだ。保護者が学校の運営に参加する学校運営委員会ができ、学校生活記録簿が導入された。画一的だった高校の種類を多様化するという目的で、自私高の導入が提案された。グローバル化教育の一環として外国語教育が大幅に強化拡充され、小学校で英語の授業が正規科目となった。また、大学入試制度も学生の特性を重視する一方、選抜の方法を大学にある程度委ねる方向に変わった。これにより修能が導入され、大学の設立基準も緩和されたことから、大学が乱立するようになった。これらのおかげで、50%以下だった韓国の大学進学率は、世界でもトップクラスにまで上昇した。

ＩＭＦ危機と同時期に誕生した金大中《キム・デジュン》政権も、韓国最初の左派政権ながら、徹底的に「競争と効率」という市場原理に立った教育政策を展開した。教員定数の削減を掲げ、実際に教員数を大幅に縮小して公教育に打撃を与えた。学校の多様化政策に沿って、金泳三政権では提案にとどまっていた自私高の試験導入を推進し、自私高ブームの端緒を開いた。「水準別教育課程」という授業システムの導入も試みた。教科ごとに生徒個人の能力にあわせて学習できるよう、水準の異なる多彩なテキストやクラスを採用・展開するという政策だ。しかし、この制度は、子供が優等生と劣等生に分けられることを恐れた親たちが、子供を小学生のときから国語や英語、数学の塾に通わせる「早期教育ブーム」を引き起こした。小・中学校で英語の授業は英語だけで行うと発表したことで、英語ブームが吹き荒れ、政権末期の２００２年の１年間で、小・中・高校の早期留学生は１万１３２人に達した。

　金大中式新自由主義教育政策の目玉は「ＢＫ21《ブレイン・コリア》」と名付けられたプロジェクトで、世界に通用する人材を育てるべく、国際競争力のある大学を育成しようと教育部が推進したものだ。「ＢＫ21プロジェクト」は、１９９９年から２００５年までに１兆４０００億ウォンを投じて進められたが、ソウル大学などのいわゆる「上位」大学が研究費を独占し、ソウル大学を頂点とする大学の序列化が決定的なものになった。「勉強ができなくても一つだけ才能があれば大学進学ができるようにする」と訴え、修能の点数のほかに、学生簿の点数や入賞実績、推薦書など、多様な方式で学生たちを選ぶようにする「大学入試制度改善案」も提示された。しかし、選考基準に対する指針がなかったため、大学側は学生の潜在能力より、成績や家庭環境で合格者を選ぶようになり、経済格差がそのまま教育格差に繫がるとして大きな問題になった。

盧武鉉《ノ・ムヒョン》政権は、「高校平準化」政策を補完するため、外国語高校などの特目高を大幅に拡大、そのため家庭の課外教育費が急増した。盧武鉉政権が２００４年に発表した「大学入試制度改善案」も、課外教育を増幅させる原因となった。修能試験を等級制にし、修能以外の高校の内申点などを重視する学生簿中心の選考方針を発表したため、内申点をめぐる生徒たちの激しい競争が起こり、学校はジャングルと化した。また、修能で点数に差がつきにくくなったため、修能とともに大学入試選考科目だった論述の難易度が大きく上がり、論述塾が全盛期を迎えるようになった。

李明博《イ・ミョンバク》政権は「学校教育の満足度を2倍に増やし、課外教育費を半分に減らす」という目標を掲げた。学校教育を活性化するため「高校多様化３００プロジェクト」と名付けた政策を推進、全寮制の自私高をはじめ、３４０校あまりの自私高が新たに設立され、自私高全盛時代を迎えた。英語没入式教育の導入など、英語教育がさらに強化されたことで外国語高校への進学熱が高まり、英語塾が再び大ブームとなって韓国社会を席巻した。これらの結果、高校間の序列が定着し、一般高校は大きく地位を下げた。一般高校より数倍も教育費がかかる自私高や特目高への傾斜は、経済力によって「公平な教育機会」が失われるという社会問題を作り出した。成績重視の大学入試を見直すという目的で、潜在力と適性を評価する随時が拡大されたが、これもまた別の課外教育を生むなど、教育費はかえって増大し、公教育に対する満足度も下落一辺倒が続いた。

李明博政権を継承した朴槿恵《パク・クネ》政権は、大きな枠組みとしては前政権の教育政策をそのまま踏襲した。ただ、課外教育費増大の主犯と呼ばれた英語教育の抑制に向け、大学入試で英語を絶対評価に変えるほか、小、中、高校で行われていた先行学習を規制する「先行学習禁止法」をまとめた。しかし、朴槿恵政権の4年間も、「課外教育費は史上最高」という記事が、毎年、新聞を飾った。

2017年に発足した文在寅《ムン・ジェイン》政権は、教育政策を大きく変革すると予告している。高校序列化の原因となった特目高や自私高の廃止を公約に掲げており、そのほかにも、高校生が大学のようにカリキュラムを選択する「高校単位制」の導入や、定時選考を増やすなどの大学入試改革案も打ち出している。しかし、実行力が不足し、どれひとつまともに進んでいないという最悪の状態に陥っている。このため、受験生を持つ保護者たちは疑心暗鬼になり、ますます課外教育や塾に依存するようになってしまった。

教育共和国韓国の憂鬱

韓国の教育政策は、基本的に金泳三政権の新自由主義的な方向を継承しながらも、政権ごとに受験による子供たちへの負担を軽減し、過度な課外教育を抑制するよう、さまざまな政策を行ってきた。しかし、これまで、その努力や政策は何ひとつ成功したとは言いがたい。

学歴こそが激烈な競争社会を生き抜く力となる韓国社会では、親たちがすべてをかけて、子供の教育に邁進するからだ。

教育部と統計庁が発表した「２０１７年小中高校の私教育費調査」結果によると、生徒一人あたりの月平均学校外教育費は27万１０００ウォンだった。これは調査が始まった２００７年から、毎年上昇を続けている。少子化の影響で、学生数は減る一方だが、課外教育の市場規模も毎年史上最高を更新して19兆５０００億ウォンに上っている。

過熱する教育ブームはさまざまな社会問題を引き起こしている。所得に比べて多額の教育費を支出して家計が赤字状態のエデュプア（Education poor）に陥っている家庭は少なくなく、教育費への不安が、世界一低い出生率の大きな理由になっている。

さらに深刻なのが、子供たちへのストレスだ。２０１８年の保健福祉部の調査によれば、「普段ストレスを非常に感じる、あるいは結構感じる」と答えた児童は全体の16％くらいだったが、その原因としては「宿題や試験のため」という答えが60％で最も多かった。また、韓国の児童の70％以上が時間が足りないと感じており、その理由は、学校の授業や塾の授業などの「学習関連」が70％以上を占めた。ＯＥＣＤ36加盟国のうち、韓国青少年の生活満足度が最下位なのは、こうした学業ストレスと深い関連がある、と見て間違いなさそうだ。

韓国政府はあらゆる政策を動員して、課外教育の抑制と教育機会の均等を図っている。しかし、皮肉にも親の経済力による教育格差は大きくなる一方で、２０１８年6月の韓国統計庁の資料によると、所得上位20％の月平均課外教育費は下位20％の約27倍にも達している。

韓国の東京大学と呼ばれるソウル大学の新入生の割合をみると、所得による教育格差は一目瞭然である。教育専門公営放送のＥＢＳは、「大学入学の真実」という特別番組を制作して、韓国社会の教育格差を詳細に紹介した。同番組によると、２０１８年の大学入試で、全国の高校の68％が一人もソウル大学に入学させられなかった。ソウル大学に一人でも合格者を出した一般高校は32％。一方、全体の3％に過ぎない自私高と特目高が、ソウル大学の入学定員の過半数に迫る48％の合格者を出した。また、ソウル大学合格者数上位の一般高校6校のうち、3校は江南にあり、富裕層に集中していることがここでも明らかになった。

さらに同番組は、江南にある高校の過去10年間のソウル大学合格者の推移を分析して、興味深い事実を突き止めた。10年の間に5回、入試制度が変更されたが、そのたびに江南の高校の合格率は低下している。ところが1年後には、合格率は必ず元に戻っているのである。これはずばり、江南地域の生徒たちは、制度の変更によって一時的な混乱があっても、課外教育を通じて新しい入試制度に素早く適応していることを示している。

文在寅政権は、あまりにも激しい教育熱により生徒も保護者もひどく苦しんでおり、また、韓国の格差社会は教育の格差が原因と見ている。そこで、李明博時代に本格的に導入された自私高と特目高を廃止して、高校を「平準化時代」に戻すことを教育政策の目標とした。

しかし、皮肉にも文在寅政権の高官たちは、自私高と特目高の廃止を主張しながら、自分の子供たちだけはしっかり自私高や特目高を卒業させていて、外国の高校を出たケースも多い。その代表的な人物が、大統領府の民情首席（政府高官や大統領の親戚など、権力層に対する捜査を仕切る職責）秘書官、そして法務部長官を務めた曺国《チョ・グク》氏だ。曺氏は、「文在寅大統領の後継者」とされる人物で、文在寅政権の政治哲学である「社会改革」を唱える進歩学者出身だ。正義や公正を重んじる曺氏の発言は、若者たちから絶大な人気を得ていた。

その彼が、娘の不正入試疑惑で韓国中を騒がせた。曺氏の娘は、高校在学中に医学大学の研究室にたった2週間インターンをしただけで、医学誌に掲載された小児病理学論文に筆頭著者として名前を書かれていた。ほかにも、地方国立大学のインターンシップに3週間参加したり、日本で開かれた国際鳥類学会で発表された論文に「第3著者」として名前が掲載されたり、高校生には応募資格がないはずの国連のインターンシップに参加したりと、普通の高校生ではありえないスペック（資格や経歴）を積んで、随時で名門大学に入学、さらに医学専門大学院にまで進学した。医学専門大学院に進学してからは、2回も落第したにもかかわらず、6学期連続で奨学金を得ていた事実も議論となった。

「機会は平等、過程は公正、結果は正義」と謳った文在寅大統領の就任演説を色褪せさせたこのスキャンダルは、韓国中の生徒と親たちを酷く落胆させた。

第二章　厳しさを増す若者就職事情

1　最悪の就職率と卒業猶予生

ビットコイン・ゾンビが続出する韓国の若者事情

「仮想通貨元年」と言われた２０１７年、韓国の仮想通貨ブームは世界のどこよりも熱かった。２０１８年３月７日に発表された、韓国金融投資者保護財団の「２０１７年仮想マネー利用者調査」（20～69歳までの都市居住者が対象）によると、回答者の13・９％が２０１７年中に仮想通貨に投資した経験があると答えた。特に、20代の22・９％、30代の19・４％が仮想通貨に投資した経験があるとし、韓国の仮想通貨ブームは若い世代が牽引していることがわかった。

韓国最大の仮想通貨取引所である「ビッソム」の資料によると、韓国市場の月別の仮想通貨取引額は、２０１７年12月に56兆２９４４億ウォン（約５兆１０００億円）と、同年１月（３０００億ウォン）の１８７倍にも達した。たったの１年で、コスダック（韓国版ナスダック）市場の月平均取引額の80％を超える規模にまで成長したのだ。

韓国では現在、３００万人以上いると言われている仮想通貨投資者の60％が20代と30代だ。一攫千金を狙う若者たちと、「シードマネー（種銭）」で結婚準備やマイホーム購入のためのまとまった金を作ろうとする若い層が、仮想通貨市場に殺到したのだ。2017年、韓国の地上波放送SBSは、仮想通貨に8万ウォン投資して280億ウォン儲けたという23歳の青年のインタビューを放送した。しかも、インタビューをしている2時間の間に約30億ウォン増え、その場で2000万ウォンを現金化する様子を流し、多くの韓国人を驚愕させた。

史上最悪の失業率や所得格差の拡大によって経済的弱者に追い込まれた韓国の若者たちは、仮想通貨で人生逆転を夢見ている。専門家たちは、韓国の青年層が仮想通貨に入れ込む背景として、①所得・貧富の格差など社会格差の拡大、②機会の不平等、③相対的剥奪感などを挙げ、若者たちの間に様々な社会的問題を解決するより現実から逃げようとする態度が広がっていると指摘する。つまり、正常な方法でお金を稼ぐよりも、一攫千金を夢見る土壌が出来上がっているということだ。

就職をあきらめて、お金と時間を仮想通貨につぎ込む若者たちを、韓国では「ビットコイン・ゾンビ」と呼び、大きな問題になっている。インターネットの仮想通貨コミュニティでは「銀行から融資を受けて、仮想通貨に投資している」という書き込みで溢れており、金融監督委員会は、信用貸出が急激に増加したことと仮想通貨の関連性について調査を行っている。米国のブルームバーグ通信は2017年12月に「韓国ではビットコインがブームとなって爆発的な広がりを見せ、一種の『グラウンド・ゼロ(爆心地)』状態になっている」と警告したほどだ。

仮想通貨市場が過熱し、これによる被害が社会問題化すると、韓国政府は仮想通貨取引を厳しく規制する案を速やかに検討すると公式に発表した。これまでに文在寅《ムン・ジェイン》政権が打ち出した規制案は、韓国内のICO(新規仮想通貨の公開)の全面禁止(海外のICOに対する韓国人の投資は可能)、取引実名制の導入、取引所に銀行が仮想口座を新規開設することの全面禁止などだ。

しかし、政府のこうした規制に対し、韓国の若者たちは怒りの声をあげている。大統領府の国民請願の掲示板には「政府はこれまで一度でも国民が未来を夢見ることを許してくれたことがあったか!」というタイトルで、仮想通貨規制に反対する請願を掲載し、20日間で20万人を超える賛成票を獲得した。インターネットでは「総選挙の時に、与党や政府を懲らしめてやろう」というスローガンが、長期間、検索語の1位を記録した。今、韓国の若者の間では、いくら頑張っても親から受け継いだ地位を変えることはできない、自分の階層は変わらないという考えが支配的だ。階層移動ができなくなった社会で、「仮想通貨だけが投資した分だけ稼ぐチャンスを得られる。公正に機会を与えてくれる」と、彼らは主張するのだ。

最悪の就職率が生み出す卒業猶予生

韓国教育部が発表した「2017年の高等教育機関卒業者の就職統計」によると、大学卒業生の就職率は66・2％だった。その内訳を見ると、医薬系学部と理工系学部の卒業生の就職率がそれぞれ82・8％と70・1％なのに比べ、人文系学部の卒業生の就職率は56・0％と唯一60％を超えることができなかった。日々厳しさを増す韓国の就職市場の中でも、最も不利なのがこの人文系出身者だ。

「え？　本当に人文系出身者の就職率が56・0％にもなるんですか。私の周りにまともに就職できた人なんてほとんどいないのに、不思議ですね」

ソウル市立大学・歴史学科4年に在学中の女子学生チェ・チョンミンさん（24歳）は、教育部の統計に首を傾げた。

ソウル市立大学はソウル市が設立した公立大学で、「半額登録金」という安い授業料で学生たちに人気だ。専攻によって違いはあるが、ソウルにある私立大学の授業料が年間800万〜1000万ウォンが相場なのに対し、ソウル市立大学の授業料は1年間に240万ウォンと、全国でもいちばん安い。そのため、今では、全国から優秀な学生が集まる名門大学に成長した。ソウル市立大学に入学するためには、全国の受験生の上位7〜8％に入る成績でなければむずかしいとされる。

チェさんは、1年間の浪人生活を経てソウル市立大学の歴史学科に入学した。しかし、エリート大学の4年生になったチェさんは、もう一度入試の時と同じような地獄を経験している。

「歴史学科は専攻を活かせる仕事があまりないため、就職率が低いので有名です。うちの学科の定員は28人ですが、1年上の先輩たちを見ると、一人も大手企業に就職できませんでした。最も良かったケースが公務員になった先輩だと聞きました。同期の中で今年卒業したのは3人だけで、残りは全員卒業を猶予しています。私は1年間休学したのでまだ4年生ですが、来年の1学期まで卒業猶予を申請して就職活動するつもりです」

浪人と休学によって、同期より2歳年上のチェさんだが、就職できるという保証がない限り卒業するつもりはないという。既卒者は新卒より就職市場で不利だという先輩のアドバイスがあったからだ。

「会社側は履歴書に空白がある人を嫌うみたいです。大学を卒業してから何もせずひたすら就職準備をしていたら、活動的でない、実力が足りない、怠けているなどの否定的イメージを持たれてしまいます。だから、最近は卒業を猶予する人がとても多くなっています。うちの大学は、授業料の10％程度を払えば、卒業を1学期先送りすることができるんです」

卒業に必要な単位をすべて修得していながら、卒業論文を出さないなどの方法で卒業を先送りして、就活に邁進する学生たちを「就職準備生」と呼ぶ。就職市場が悪化し、就職準備生は日増しに増加している。

２０１７年11月、「アルバモン」という韓国の有名就職サイト（https://www.albamon.com）が卒業予定者らを対象に調べたところ、「就職のために卒業を猶予する」と答えた学生はおよそ55％にものぼった。特に、就職に不利とされる人文系では70・９％が卒業を先送りすると答えた。

しかし、大学側からすると、授業料を払わずに、あるいは少額の授業料だけで学生という身分を維持しようとする就職準備生たちは好ましい存在ではない。そこで、卒業を猶予するためには、少なくとも１科目（単位）以上の受講申請をしなければならないという条件を掲げた大学も多い。２０１７年２月、教育部が１４０の大学を対象に調査した「卒業猶予の生徒数および総登録金現状」によると、卒業猶予制度がある１０４大学のうち67（65％）の大学が卒業猶予生たちに受講申請を義務づけていた。

１学期の卒業猶予のために１つ以上の単位を受講するとすれば、私立大学の場合、平均60万～70万ウォンの受講料を払わなければならない。よって、学生たちの間では「就職難のせいで金を払って在学生の身分を買わなければならない」という批判が出ている。就職準備のための塾の費用など経済的な負担が大きい彼らに、必要でもない単位の受講を強要する大学に対する不満である。結局、国会は「卒業猶予生登録金の強制徴収禁止法」と呼ばれる高等教育法改正案をまとめ、2018年10月から施行した。この法律によると、大学側は卒業猶予生に受講や登録金納付を強制できない。だが、大学は、図書館や食堂などの施設使用料や就業科目受講料などの名目で、依然として卒業猶予生から数十万ウォンのお金を徴収している。法律は受講義務を禁止しているだけだから問題ないというのが大学側の立場だ。結局、法律が変わっても、学生たちの負担は軽くならないままだ。

インターンシップも地獄の競争率

前出のチェさんは、高校時代から、卒業後は自動的に警察に入れる警察大学を目標としていたが、2回受験に失敗し、代わりにソウル市立大学の歴史学科に入学した。人文系専攻かつ女子学生というダブルハンディを克服するため、チェさんは、大学入学当初から、コツコツと就職に必要なスキルを磨いてきた。

「映画業界への就職を目指しています。中華圏で韓流が人気なので、中国語を勉強し、大学2年を終えたところで、1年間休学して台湾へ短期留学に行ってきました。帰ってきて3年になると、映画アカデミーという塾に通って、映画関連会社に就職するためのポートフォリオの作成と映画の実務を学びました。ほかにも、TOEICやTOEIC SPEAKINGの資格、コンピューターの資格などを取りました。語学はもっと点数を高くしないといけないので、今も英語と中国語の勉強を続けています」

しかし、就活で何より重要なのは「インターンシップ」だと、チェさんは言う。「映画配給会社は、大学の専攻に制限を設けていないので、人文系の女子学生に最も人気のある就職先です。私が第1志望として狙っているCJ E&Mは、韓国の企業順位で15位のCJグループに属していて、韓国№1の映画会社です。国内の採用数はいつも一桁なので競争率は数百倍になります。一応、今年9月にある下半期の公採（公開の採用試験）に願書を出すつもりですが、正直、一度で合格できるとは思っていません。むしろ、10月にあるインターン募集が本命です」

韓国の企業は、インターンシップを採用活動に積極的に使っている。正規採用とは別にインターンを募集して、インターン期間中の業務評価を見て、正社員に転換させるケースも多い。また、インターン後に正社員として採用されなくても、2ヵ月から長ければ6ヵ月の間、企業文化や実務を経験することができるインターンシップは、学生たちの就職活動に重要なスペックとなっている。そのため、インターンになるには就職に負けないくらい狭き門をくぐらなければならないと、チェさんは説明する。

「就職準備生が集まっているインターネットコミュニティで、インターン経験があるという人たちのコメントを見ると、大手企業のインターン採用競争率は数百倍にもなります。地方の某格安航空会社のインターン採用競争率が180倍だったというニュースも聞きました。インターンになるためには、就職と同様に、関連書類を提出して筆記試験と面接も受けなければなりません。特にインターン用の自己紹介文は形式が定められた入社試験用とは異なり、自由に書きたい内容が書けるので作成スキルが非常に大事です。私は夏休みから、インターネットコミュニティで出会った人たちとスタディーグループを作りました。4〜5人で定期的に会って、それぞれの自己紹介文を評価し合い、アドバイスする勉強会です」

正社員への転換率が高く、経歴にも大いに役立つ大手企業や公共企業のインターンは「金《クム》ターン（金＋インターン）」と呼ばれる。金のように貴重なインターンという意味だ。「貴族インターン」とも言われる。

一方で、中小企業のインターンなどでは、人手不足を補うため単純作業ばかりさせられるケースが多く、わずかな月給で、残業はもちろん、週末まで勤務しなければならない場合も少なくない。

首都圏にある大学の国文科を卒業して、現在、公務員試験の勉強に励んでいるキム・ソンギュンさん（30歳）は、3年前、ある雑誌社で3ヵ月間、無給インターンをした。

「4年生の時、教授の推薦で雑誌社にインターンとして入ったのですが、給料はまったくもらえませんでした。最初から給料はないという話は聞いていたので、ある程度覚悟はできていたつもりだったのですが、交通費や食事代まで自腹だったので、経済的に大変でした。経験を積むことができるかなと思っていたのですが、資料のコピーや車の運転、記者のインタビューのテープ起こしなど、単純作業ばかりでした。結局、経済的な問題と、就職には役に立ちそうもないと判断し、会社からはインターン期間の延長を提案されましたがお断りしました」

キムさんが経験したようなインターンを指す言葉として、「土《フック》ターン」（土＋インターン）、あるいは「ティッシュインターン」という流行語がある。「土ターン」は、韓国の若者の間で最下層を示す「土のスプーン」と「インターン」の合成語だ。「ティッシュインターン」は、ティッシュのように一度使って簡単に捨てられるインターンという意味だ。仕事を経験したい若者たちの「情熱」を利用して、低賃金や無給で働かせることから、「情熱ペイ」という流行語も誕生した。

2014年、韓国の代表的なオープンマーケット（インターネットショッピングモール）であるウィメプと有名デザイナーが、この「情熱ペイ」論議に巻き込まれる事件があった。ウィメプは正社員転換を条件に11人のインターンを採用したが、契約期間が過ぎると、容赦なく解雇して批判を浴びた。元韓国代表フィギュアスケート選手キム・ヨナさんの衣装をデザインしたこともある人気デザイナーの李相奉《イ・サンボン》氏は、10万ウォン（約9000円）の給料でインターンを採用したという疑惑で叩かれた。

インターンの「情熱ペイ」問題は民間企業に限らない。2015年の国会の調査によると、韓国政府が海外公館に派遣した実習インターン生の87%が無給で働いていたという。

超競争社会の韓国では、正社員だけでなくインターンにも、激しい競争と序列が存在するのだ。

IKEA世代の就職8大スペックとは？

ソウルにある私立大学の崇実大学で経営学を専攻したチェ・シンさん（27歳）は、卒業を1学期猶予しながら、就職活動に専念している大学生だ。昨年の初めから本格的な就活を開始したチェさんは、昨年の上半期と下半期、そして今年の上半期の公開採用で、それぞれ30社余りの企業に入社志願書を提出した。

「名前を聞いたことのある大手企業を中心にこれまで100社くらい入社志願書を書きましたが、結果は、サムスン電子を除いて、ほとんどが書類審査で落ちました。サムスン電子は書類審査では入社定員の数十倍まで通すようなので、書類審査を通過したといってもそれほど良い評価ではなかったのではないかと思っています。私のスペックだと、書類審査に通過するのも大変です」

「スペック（SPEC）」とは、ここでは就職に必要なスキルや資格を指す。受験生にとっては入試に影響する評価項目を意味し、結婚市場では相手の条件を示す言葉として使われる。「スペックが高い人＝優秀な人間」というわけだ。製品仕様を指すスペックという言葉が、いつの間にか人間の水準を表すようになった。

韓国の大学街では、就職に必要な「8大スペック」と呼ばれるものがある。出身大学、大学の成績、海外語学研修、TOEICの成績、大手企業が大学生を対象に開催する公募展、資格、インターン、ボランティア活動である。

チェさんも、大学時代、この8つのスペックを積み上げることに力を注いだ。まず、大学の成績を上げるために6科目（単位）を再受講した。

「一般的に、大学4年間の評点は、最低3・5以上（Bプラス以上）なければいけないと言われます。教養科目でもB以下が一つでもあれば大手企業は就職しにくいです。私も1〜2年生のときに高い点数を取れなかった6科目については再受講しました。私の評点は4・3点満点で3・8点くらいです。ほとんどの科目が相対評価なので低学年の時に再受講したほうが有利になります。高学年になると、みんな就職を意識して熱心に勉強するので良い点数を取るのが難しくなるんです。4年生の時には100点満点で、受講生の平均が97点という科目もありました」

さらに、チェさんは、米国のテキサス大学で1年間の語学研修、子供たちの海外キャンプを引率してドイツのフランクフルトで1ヵ月間ボランティア、有名ITベンチャー企業で3ヵ月間のインターンシップなどの経験も持っている。ある大手銀行の公募展に、SNSを使った広報のアイデアを出して採用もされた。TOEICは850点、TOEIC SPEAKINGは7級、中国語検定（HSK）3級、情報処理士、韓国史の資格も保有している。

「少しでも多くのスペックを取ろうとして、就職に関係のない資格まで取得しました。スペックを獲得するための費用も無視できません。語学塾の費用が、1科目あたり月20万ウォン程度かかり、かなり痛いです。経済的な負担を考えて、今は『イン講（インターネット講義）』でTOEICと中国語の勉強をしています。大手企業に採用されるためには、TOEICは900点以上ないと安心できません。中国語も3級では安心できないので、次の試験では5級の資格を取るつもりです」

先輩たちのアドバイスで、数多くのスペックを身に付けたチェさんだが、100回も入社試験に落ち、自信を失ってしまいそうだという。

「第1関門の書類選考で相次いで苦杯を嘗めたので、もしかしたら出身大学のせいじゃないかと心配しています。ネットでは、大手企業に入社するには、出身校がＴＯＰ５（ソウル大学、延世《ヨンセ》大学、高麗《コリョ》大学、西江《ソガン》大学、成均館《ソンギュングァン》大学）でないと難しいとされているんです。しかし、今になって出身校を変えることもできないし、どうしたら書類審査をパスできるか悩むばかりです」

チェさんのように、たくさんのスペックを保有していながら、安定した職に就けない若者たちのことを「ＩＫＥＡ世代」と呼ぶ。教育水準とスペックは優れているが、就職難で未来設計ができない20代を、スウェーデンの家具ブランドＩＫＥＡに喩えた流行語だ。ＩＫＥＡは優れたデザインで価格も比較的安くコスパが良いとされており、新婚夫婦や新社会人が短期間使う目的で購入することが多い。同様にＩＫＥＡ世代は、各種資格と語学研修など以前の世代に比べてはるかに高い能力と条件を備えているが、非正規社員やインターン、契約社員など低い賃金で短期間雇用されることが多い。リーマン・ショックを経て、２０１３年から本格的に低成長時代に突入した韓国では、良い大学を卒業して、高いスペックを持ち、海外留学まで行ったとしても、決して安定した職に就けるとは限らないのだ。

エスカレートするスペック作り

民間研究所の「大学明日20代研究所」（https://www.20slab.org/）が２０１６年に実施した、就職準備中の大学生500人を対象にしたアンケートによると、韓国の就職準備生たちは一人あたり平均5・2個のスペックを持っていて、スペックを得るために使うお金の平均は年間130万ウォンを超える。

2017年、京畿道《キョンギド》にある大学の中国語科を卒業したハン・ボラさん（仮名・24歳）は、幼い頃からアナウンサーになるのが夢だった。しかし、地方大学出身というハンディのある彼女は、アナウンサーよりは競争率が低い気象キャスターに進路を変えて就活を開始した。

「イン・ソウル大学（ソウルにある大学）ではなく、地方大学出身だから、スペックについては自分なりに精一杯気を遣って準備してきました。英語の資格を3つも持っていますし、中国語検定も6級を取りました。そのほかに、『放送アカデミー』に6ヵ月通って番組の司会者課程を修了しました。必ずしも就職のためだけではありませんが、目と鼻の整形手術を受け、クリニックに通いながらダイエットもしました」

それにもかかわらず、次々と入社試験に落ちると、悩んだハンさんは他の人にはない特別なスペックを探し始めた。そして、就職関連のインターネットコミュニティが主催するワークショップに参加したのをきっかけに、自費出版の指導が受けられる「作文コーチング塾」に登録した。著書があれば放送業界への就職が有利になると聞いたからだ。ハンさんは1000万ウォンもの大金をかけて塾に入学したが、費用はそれで終わりではなかった。

「1000万ウォンはコーチング費用（授業料）で、出版するためには、さらに数百万～1000万ウォン支払わなければならなかったんです。塾の先生からは、出版だけなら500万ウォン程度だが、マーケティングサービスも追加すると1000万ウォン必要と言われました。そのうえ、出版社の情報や資料を得るために数十万ウォンの実費が追加されました」

これ以上両親に助けを求めることができないと判断したハンさんは、500万ウォンの出版費用を払うために貯蓄銀行から年利子30％で融資を受けた。しかし、無理して出版した中国文化についての「エッセイ」も大した効果はなかったという。

「後で聞いた話だと、出版もすでによくあるスペックだそうで、結局あまり役に立ちませんでした。最近では、オンライン媒体を創刊するのが流行っていると聞きます。これも出版と同様に、数百万ウォンを払って塾でスキルを学ぶけど、結局は代行業者に任せると聞きました。しかも、メディアを創刊すると、そこにあげる内容を常にアップデートしなければならないため、出版よりはるかに費用がかかるそうです」

現在、ハンさんは貯蓄銀行から借りた500万ウォンを返済するため、カフェやコンビニなどで手当たり次第アルバイトをしている。

「今やっているバイトだけではお金を全額返すのが難しくて途方に暮れています。短期間で一気に稼げる仕事を探していますが、女なので肉体労働も大変だし。今年はとりあえず就職より借金の返済が優先です」

「JOB KOREA」という就職専門サイト（https://www.jobkorea.co.kr）が大学3〜4年生の1374人を対象に、「就職のための塾経験」を調査したところ、回答者の39・2％が「就職準備のために塾などで教育を受けたり、または現在受けている」と答えた。また、3人に一人（33・3％）は「専攻に関連する資格取得」のために塾に通っていて、「パソコンの資格取得」のため塾に行く人も27・5％いた。このほか、「英会話」（23・2％）、「就職コンサルティング」（21・4％）など、さまざまな教育を塾で受けていることが分かった。

結局、毎年悪化する就職事情が、就職準備生を対象とする教育市場の膨張をもたらしている。英語とともに外国語のスペックとして人気沸騰中の中国語教育市場は6000億ウォン規模へ急拡大しており、英語も従来からあるTOEICやTOEFLのほかに新しく数種類の資格試験が登場し、いずれも大きく成長している。こうした塾が密集している江《カン》南《ナム》や鍾路《チョンノ》付近には、面接スキルや自己紹介書の書き方など、就活全般を指導する「就職コンサルティング塾」も続々誕生している。面接と自己紹介書のほか、ストーリーテリングや討論などのスキルまで、トータルで受講するには数百万ウォンかかるという。1回の受講料は20万ウォン程度だが、400万〜500万ウォン出せば、就職できるまで指導するというところもある。また、江南では、客室乗務員を希望する学生を対象に、1ヵ月200万ウォンの授業料を取る就職コンサルティング塾が流行するなど、若者の就職難のおかげで、塾街は大繁盛している。

2 N放《ポ》世代とスプーン階級論

公試生《コンシセン》全盛時代

慶熙《キョンヒ》大学を卒業したパク・ジュンスさん（30歳）は、9級公務員試験を目指して勉強中だ。慶熙大学は現大統領の文在寅《ムン・ジェイン》氏の母校で、韓国ではTOP10に入る名門大学とされる。だから、全州《チョンジュ》の高校を卒業し、慶熙大学に合格した時、彼は親にとって自慢の息子だった。しかし、大学を卒業しても、いまだ就職できない彼は、もう3年も全州に住む両親と会っていない。

「大手企業の入社試験にことごとく落ちて、去年の春からは公務員試験を目標にしています。世間では慶熙大学は良い大学だと言われていますが、大手企業に就職するには学歴が足りないという話を先輩たちからよく聞いていました。実際に100人を超す同期の中で、大手企業に就職できたのは3～4人です。中小企業に入るくらいなら、いっそ安定している公務員になったほうがいいと思い、公務員試験を目指すことにしました」

パクさんのように公務員試験を目標とする就職準備生を公試生《コンシセン》、または公試族《コンシゾク》と呼ぶ。統計庁の調査によると、韓国の就職準備生の40％が公試生という。韓国の公務員試験は、9級、7級、5級に分かれるが、ほとんどの就職準備生が狙うのは9級公務員試験だ。

1級から9級まで分かれている韓国の公務員体系の中で、9級公務員は最も下のランクにあたる。しかし、一応9級に合格すれば、試験なしで4級、あるいは3級まで上がることができ、定年を迎える60歳まで雇用が保障される。初任給は月に140万ウォン程度だが、各種号俸とボーナスを含めれば、年収は平均2500万ウォンで、中小企業の平均賃金に近い。それに、中小企業と違って、定時出勤、定時退勤。会社が倒産して街に放り出される心配も、リストラされる心配もない。徹底した年功序列で、退職する頃になると、職級と号俸が高くなり、平均年俸は6000万〜7000万ウォンにもなる。就職難に苦しむ韓国の就職準備生にとって、9級公務員はまさに夢の職場なのだ。

9級公務員試験には学歴による制限がないため、18歳以上60歳未満ならば、誰でも受験できる。警察公務員と消防職などの特定職を除けば、普通の筆記試験や面接で採否が決まる。筆記試験で必ず受けなければならない必須科目は国語、英語、韓国史の3つだ。そのほかに職務分野によって2科目を選択する必要があるが、この選択科目の中には数学も含まれる。すなわち、大学入試と受験科目が非常に似ており、良い成績で良い大学に入った人ほど有利というわけだ。

9級公務員試験を目指す就職準備生を対象とした情報誌「公務員ジャーナル」のキム・ウォンジュン記者は、若者の間で9級公務員の人気が高まったのはIMF危機以後だと説明する。

「IMF危機の前までは、9級公務員は大学卒業者たちが選ぶような職業ではありませんでした。しかし、IMF危機以降、職業選択において、安定性が最重視されるようになり、人気の就職先になったんです。今のようにクレージーな競争率になったのは、朴槿恵《パク・クネ》政権の時からです。李明博《イ・ミョンバク》政権が、9級公務員試験の受験科目を大学入試に近づけるよう調整し、朴槿恵政権で施行されたからです。李明博政権は、大学に行けない高校卒業生が特別な勉強をしなくても公務員試験を受けられるように試験科目を変更したのですが、これによって一流大学の卒業者が高卒者の雇用を奪うことになってしまいました。文在寅政権になって公務員の定員を増やしたので、多少競争率が下がるとはいえ、2018年の競争率も41倍でした。大学卒業者だけでなく、大学院卒業者、留学経験者まで9級公務員試験に雪崩れ込んでいます」

2017年5月に就任した文在寅大統領は、若者の雇用創出に向けて、公務員の増員を公約に掲げている。文氏は選挙期間中に、「小さな政府が良いという迷信はもう終わらせなくてはいけない。政府がすぐに作れる公共部門の雇用から増やしていく」と訴えた。5年間の在任期間中に、公共部門で81万人分の雇用を作り、そのうち公務員は17万4000人増員すると明らかにした。実際に2017年の1年間で、公務員の数は約2万人増えており、政府予算が必要な公共分野の雇用も1万2000人分増えた。これによって、政府の公務員にかかる人件費は、前年に比べて7兆6000億ウォン増加した。

しかし、公務員の増員は、青年の失業問題の特効薬にはならなかった。むしろ文在寅政権が公務員の増員に本格的に乗り出した2017年下半期から、青年（15～29歳）の失業率は毎月最悪の数字を示している。2017年10月に8・6％だったのが、12月には9・2％、2018年2月には9・8％、4月には11・6％まで跳ね上がった。多くの青年が就活を放棄し、何年も公務員試験にしがみつくようになったからだ。

人口5000万の韓国で、現在、公務員は102万人、文在寅政権の公約が実行されれば、任期が終わる2022年には120万人に上ることになる。人口の減少や高齢化が急速に進み、生産人口が減少する中、税金が充てられる公務員ばかりが増えている。しかも、膨大な政府予算が投入されても、就職環境は悪化するばかりなのだ。

公試生の聖地、鷺梁津《ノリャンジン》

大学受験生の中心地が大峙洞《テチドン》なら、公試生の聖地は鷺梁津だ。鷺梁津はソウルの中心部に位置していて、どこからでもアクセスが良く、さらに地方からの列車が発着するソウル駅や龍山《ヨンサン》駅にも近い。1970年代末、政府によって人口密集地解消策が実施され、鍾路《チョンノ》にあった有名入試塾が大挙して鷺梁津へ移動した。有名塾が集まると受験生をはじめ人口が急増し、自然に商圏が生まれた。以後、90年代に入って大峙洞を中心とした江南地域に子供たちの入試塾が集まる中、鷺梁津は公務員試験や各種国家資格試験を準備する成人向けの塾街として君臨してきた。特に地方から上京した学生たちは塾が密集している鷺梁津に住むようになり、鷺梁津は学習塾街を中心とした「考試の町」として栄えている。

「考試の町」にある公務員試験準備予備校の授業風景
(ロイター＝共同)

　もともと考試とは、資格を与えたり、高級公務員を選抜するための国家試験を指す言葉だ。裁判官になるための司法考試、行政職5級公務員を選抜する行政高

受験生向けの貸し部屋「考試テル」
（ロイター＝共同）

等考試、外務省5級公務員を選抜する外務考試などが、その代表だ（現在は司法考試と外務考試は廃止されている）。ただ最近では、国家が施行するすべての試験を指す言葉として使用されている。

前出のパク・ジュンスさんは、鷺梁津の「考試《コシ》テル」で生活している。考試テルは、大学街や塾街でよく見られる受験生向けの貸し部屋で、まるで大学の寮のように狭い部屋がずらっと並んでいる。しかも、住宅ではなく、近隣生活施設に分類されることから住宅法の影響を受けず、住居として最小限の要件も備えていないところが多い。たとえば、国土交通部が定めた一人あたり最低の住居面積は14平米だが、考試テルは通常7~10平米のワンルームで炊事のスペースもない。窓がない部屋や、部屋の真ん中に柱がある部屋など、変形した部屋もある。最初は「考試院」という名で呼ばれたが、否定的なイメージが強まるにつれ、最後に「ホテル」の「テル」をくっつけて「考試テル」という名称が一般的に使われるようになった。

パクさんが住んでいる約10平米のワンルームにある家具は、シングルベッドと机だけだ。ガラスの壁を立てて作ったスペースの中に、シャワーと簡易トイレが設置されている。だが、シャワーを浴びると一瞬にして部屋の湿度が上がるので、一日中窓を開けっぱなしにしておかなければならない。部屋には炊事スペースがないので、入居者たちみんなで使用する共用の台所兼食堂で食事をとっている。

「以前は大学近くの考試テルに住んでいましたが、本格的に公務員試験に向けて勉強するようになってからは鷺梁津へ移りました。部屋代は月に55万ウォンです。前に住んでいた慶熙大学前のワンルームより、部屋は狭いのに家賃は20万ウォンほど上がりました。ここで50万ウォン以下の部屋を見つけるのは大変です。たまに40万ウォン台の部屋もあるのですが、そんなところは窓がなかったり、トイレが共用だったりします」

パクさんは、塾の授業時間を除いたほとんどの時間を「読書室」で過ごしている。平日はもちろん、週末も、朝の7時に読書室に「出勤」し、夜12時に「退勤」するパターンを繰り返す。歩いて3分の距離にある読書室は、大手学習塾が経営するフランチャイズ読書室で、利用者たちのスケジュールを厳格に管理してくれるために、「管理型読書室」と呼ばれる。

「まず入室する際にタイムカードを切ります。帰宅する時も同様です。だから、私たちは読書室に『出勤する』『退勤する』という言い方をします。食事はもちろん、タバコを吸ったり、トイレに行くために外出する時も必ずタイムカードを切ることになっているので、実際の勉強時間が分かる仕組みになっています。毎月1日には、1ヵ月間の勉強時間が公開され、上位の学生には来月の読書室代が割引されるなどのインセンティブがあります。インセンティブがなくても、他人の勉強時間を見ると私も頑張らねばという気持ちになります」

鷺梁津の管理型読書室には公試生出身のマネージャーがいて、スタディーグループを作ったり勉強を助ける役割をする。勉強時間が少なかったり欠席が続く学生には個別に相談に乗ったりもする。読書室の使用料は月単位で決済するが、パクさんが通っているところは固定席が23万ウォン、自由席で17万ウォンだ。

「2つの固定席室と3つの自由席室がありますが、固定席を利用する人も自由席に座ることができます。私は普段は固定席を利用していますが、勉強に躓《つまず》いたり、苦しくなると自由席に移動します。雰囲気を変えることで勉強の効率が上がる気がします」

こうした読書室はプレミアム読書室と言い、従来の読書室の狭苦しい雰囲気とはまったく違って、まるでカフェを思わせるインテリアに最高級の机と椅子、空気清浄機などの最新設備を備えている。24時間営業を基本とし、大型学習塾グループが全国チェーンで展開しているケースが多い。

しかし、公試生の聖地、鷺梁津の牙城が、最近急激に崩れているという。前出のキム記者は、物価上昇とイン講の普及がその原因だと指摘する。

「考試関連の各種産業が集まっているため、公試生の間では考試準備は鷺梁津でという固定観念がありました。そのため、鷺梁津の『考試の町』は現在年間5兆ウォンが流通する巨大商圏に成長し、物価も日々上がりつつあります。ワンルームにしても、大学街の物件より同じ条件で20万ウォンほど高いです。鷺梁津の名物「カップ飯」（紙コップを使ったどんぶりご飯）も、ここ数年で値段が跳ね上がりました。もともとカップ飯は安いうえにテイクアウトが可能で、どこでも素早く食べられるという特徴から、時間も金もない公試生の代表的な食事だったんですが、2000〜3000ウォンだったのが、今や6000ウォンまで上がっています。最近は、物価が高すぎるという理由で、鷺梁津を離れる公試生が増えています。公務員試験でもイン講が普及してきたので、わざわざ鷺梁津まで来なくても家で十分勉強できるようになったのも鷺梁津離れを促しています。地方からの公試生も物価が安い新林洞《シンリムドン》の方に向かっています」

パクさんも、近いうちに鷺梁津を去るつもりだという。

「新林洞なら、ここから近いので塾通いにも問題ありません。最近は新林洞に移転した公試専門塾もたくさんあります。部屋代も新林洞のほうが鷺梁津より30〜40％も安いです。

もし今年の試験に落ちたら、新林洞に移ってもう1年だけ頑張ってみようかなって思っています」

ソウル大学近くの新林洞は、もともと司法考試を受験する学生たちのたまり場のような街だったが、2017年に司法考試の廃止が決まったことでがらんとしてしまっていた。そこへ、鷺梁津の物価が高くなり、安い部屋を求める公試生たちが集まるようになったのだ。鷺梁津から電車で15分ほどで行ける新林洞は、公試生の新しい聖地として再び盛り上がりつつある。

公試生の70%が自殺症候群

ハ・ヨンウさん（27歳）は、国民大学校を卒業し、今は中等教師任用試験を目指して勉強している。

「2016年に大学を卒業してから1年間、常勤の講師として勤務しました。2017年の1月から、物理教師を目標に教師任用試験の準備をしています。公務員試験は1年に3回受けられますが、教師任用試験は1回だけです。そのため周りの雰囲気は、公試生たちよりずっと殺伐としています」

9級公務員試験は、国家職や地方職、ソウル市庁職などに分かれて実施されるため、1

年に3回受験機会がある。加えて、7級の試験も9級と試験科目が似ているので、7級を受ける受験生も少なくない。しかし、教師任用試験は年に一度全国一斉に行われる。公務員のように毎年決まった定員が採用されるのではなく、欠員次第なので採用人数も少なく、競争はさらに熾烈だ。

「昨年は、採用人数がいちばん多い京畿道で試験を受けました。36人を募集したんですが250人ほど集まって、競争率はおよそ7倍でした。今年、京畿道の募集は10人程度と予想されているので、さらに厳しくなりそうです。なので今年は、京畿道より採用が多くなりそうな仁川《インチョン》で試験を受けることを考えています」

ハさんは、毎日午前中に、京畿道光明市にある自宅からソウル市鷺梁津へ通ってくる。

「京畿道から通うというと距離的に遠い感じがしますが、特急電車に乗れば18分ほどで鷺梁津駅に着きます。塾の授業は毎週火曜、土曜、日曜だけですが、塾で開放してくれる講義室を使って勉強するため毎日来ています。塾の授業はだいたい午前9時から始まり、2度の休憩をはさんで午後2時まで続きます。科目ごとに多少の差はありますが、朝6時までに着けば、前の席に座って授業を受けることができます」

大峙洞の入試塾と同様、ここ鷺梁津の公試塾でも席取り競争が熾烈だ。そこで生まれたのが「SNS認定」だ。

「以前は、空席にノートを置いて席取りをしていました。早く来てノートを置いた後、近くのサウナへ行って休む人が多かったです。ところが、塾の近くに住む受講生たちを中心に、前日の夜にこっそり来て、席にノートを置いて帰る人たちが出てきました。これが問題になって、席をめぐる喧嘩が絶えなくなりました。そこで、受講生同士でＳＮＳのトークルームを作り、ノートを置いていった時間が分かるように写真を掲載することになったんです」

大人たちが講義室の席取りをめぐって声高に喧嘩するシーンは容易に想像つかないが、考試を受ける人たちは神経が尖っているため、些細なことがきっかけで大きな争いに広がることも多いという。

「以前は読書室で勉強していたんですが、息が詰まってやめました。読書室ではボールペンやシャーペンをノックする音や、ノートをめくる音すらうるさいと注意を受けました。一度は誰かが付箋紙に『スターバックスのコーヒーを毎日買ってくるのを見ていると、贅沢さにイライラして気が散ってしまいます。気をつけてください』という文書を残したんです。お互いが競争相手なのでしょうがないのかもしれませんが、ちょっとしたことでもすぐに文句をつけるし、お互いの日常を監視するようなムードが耐えがたかったんです」

鷺梁津がある銅雀《トンジヤク》区の「心の健康センター」が、２０１４年と２０１５年に地域内の就職準備生・公試生を検診した結果、１２０人のうち70％（84人）が、うつ病や自殺衝動のある危険群に分類された。これは一般人の平均より3倍も高い数値で、「長引く試験勉強と未来に対する懸念、心理的な寂しさなどが彼らのストレスとなり、うつ病を誘発する原因になっている」というのが、同センターの専門家の説明だ。

過度なストレスで、自殺する公試生のニュースも頻繁に登場する。２０１７年3月、ソウルの住宅街にある公園で、公務員試験を目指していた30代の男性が首をつった状態で発見された。彼のポケットからは「試験勉強をきちんとせずに受験してしまった。両親に申し訳ない」という遺書が発見された。同年4月にも清州《チョンジュ》のある高速道路のサービスエリアのトイレで、20代の男性が首をつったまま見つかった。警察によると、この男性は4年間勉強していた公務員試験に失敗した後、母親と一緒に故郷に帰るところだった。２０１８年6月には水原《スウォン》で公務員試験の勉強をしていた20代の男性が行方不明となり、1週間後に遺体で発見されるという事件があった。現場には酒瓶と硝酸ナトリウムが置かれていたことから、警察は自殺と推定した。

ＯＥＣＤ加盟国のうち、青年の自殺率が最も高い韓国社会。厳しい就職市場による絶望感が、その背景に潜んでいることは間違いない。

賃金の両極化

今年2月に地方の国立大学を卒業したチョ・ユナさん（24歳）は、比較的短い就活期間で、7月に中小企業に入社した。

「最初から大手企業に行くのは難しいと考えて、中小企業を中心に就活をしました。大学では経営学を専攻したので、経営支援室や財務室が志望でした。この7月に、仁川工業団地にあるエレベーター部品会社の経営支援室に就職できたのですが、従業員70人ほどのそれなりに有名な中小企業だったので、競争率は約100倍でした」

チョさんは、就職した当初は飛び上がらんばかりに嬉しかったという。しかし、喜びもつかの間、激務に悩まされて体や心がすぐに疲れきってしまった。

「初日だけは7時にあがれたのですが、翌日からは毎日のように夜10時半頃まで働かされました。夕食も取れない日が多かったです。夕食は夜7時から30分の間に社員食堂で食べられるのですが、上司が食事をしなければ私も席を外すことができません。結局、カップラーメンですませたり、お腹を空かしたままの日も多かったです。土曜日も出勤でした。財務チームは上司と私の2人きりだったので、週末に休みたくても休むとは言えませんでした。上司にはいつも当然のように土曜日も出てくれと言われました」

結局、チョさんは1ヵ月で会社を辞めることになった。

「激務もそうですが、この会社では成長できないという気がしました。あまりに人手不足で仕事を教えてくれる先輩や上司がおらず、仕事を学ぶことができませんでした。大学を卒業したばかりの私にできることはありませんでしたし、雑務ばかりやらされてる感じでした」

業種別にやや基準は異なるものの、通常、年間の売り上げ規模が１０００億〜１５００億ウォン以下の会社を、韓国では「中小企業」に分類する。日本の中小企業庁にあたる韓国の中小企業ベンチャー部の「中小企業現状」によると、中小企業は企業全体の99・９％を占め、雇用市場でも89・８％を占めている（２０１７年現在）。しかし、韓国の就職準備生の間では、中小企業を忌避する現象が深刻だ。低い賃金と劣悪な勤務環境のせいである。

２０１７年、「ＪＯＢ ＫＯＲＥＡ」の調査によると、４年制大学卒業者の１年目の年収は、中小企業が平均２５００万ウォン、大手企業は３８００万ウォンと、約１３００万ウォンの差がある。特に、現代《ヒョンデ》自動車（５３００万ウォン）、ＳＫハイニックス（４５００万ウォン）、サムスン電子（４２００万ウォン）など、10大財閥企業の１年目の年収は、中小企業の課長クラスより高い。福利厚生などの勤務環境も当然雲泥の差だ。中小企業では、チョさんの会社のようにサービス残業や休日出勤を強要するところも少なくない。

中小企業で賃金など勤務環境が劣悪な理由は、韓国経済が過度に大企業中心に成長してきたためだ。韓国では年間売上高10兆ウォン以上の企業を大企業に分類するが、企業全体のうち、たった31社だけが大企業群に分類される。サムスンや現代など、よく知られている財閥グループが代表的な大企業群で、およそ4000社ほどの関連会社が存在している。しかし、この大企業群が韓国経済に占める割合を見ると、資産総額では全体の60％、輸出は66・3％、投資は71・4％、付加価値は韓国GDPの13・5％となっている（「韓国経済研究院」の調査　2017年）。

韓国企業全体のうち、0・1％しかない大企業が韓国経済の半分以上を独占している構造の中で、大半の中小企業の勤務環境は悪化するしかなく、韓国の若者たちが望む高い賃金と安定した雇用は実現不可能だ。就職難が続く状況でも、中小企業はむしろここ数年、人手不足に苦しめられてきた。

文在寅政権は中小企業と大企業の賃金格差が、若者に中小企業への就職を躊躇《ためら》わせる要因と判断、中小企業に就職した若者には最初の3年間、3000万ウォンの政府補助金を支給する政策を実施している。毎年1000万ウォンずつ支援して、大企業との賃金格差を解消しようという狙いだ。しかし、この政策に対する若者の反応は予想以上に冷ややかだ。前出の大企業を目指して就活2年目のチェ・シンさんは、政府は問題の本質を見誤っていると話す。

「3年が過ぎたら、また賃金格差が生じるのですから、支援金目当てで中小企業に入ろうとする人はいないはずです。むしろ、3年という時間を無駄にすることになると思うんです。大企業から中小企業に転職する人はいても、中小企業から大企業に転職できる人はほとんどいません。韓国社会はどの職場に就くかによって、その人の序列が決まるんです。大企業に入らなければ、一生、庶民のまま生きなければなりません」

N放《ポ》世代と人口の崖

韓国の青年世代を指す流行語に、「N放世代」という自嘲的な言葉がある。「すべて」を表す不定数の「N」に、「あきらめる」という韓国語の頭文字である「放」を合成した「N放世代」は、厳しい経済状況のため、すべてをあきらめて生きる世代という意味だ。

恋愛、結婚、出産をあきらめる「三放世代」という造語が誕生したのが2011年で、その後、青年失業率の増加と非正規労働者の増加がマスコミで大々的に報じられるようになった2015年頃から流行語として盛んに使われるようになった。以降、三放に加えて就職やマイホームもあきらめる「五放世代」、さらに人間関係や夢までもあきらめざるを得ない「七放世代」を経て、今や人生のすべてをあきらめたまま生きる「N放世代」へと進化したのだ。

鷺梁津の考試テルで公務員試験の勉強を続けている前出のパク・ジュンスさんは、早くから恋愛と人間関係をあきらめて勉強にしがみついている。

「恋愛にはお金もかかるが、何より時間がもったいないです。睡眠時間は5時間未満、食事時間を削るためにあえて一人飯を選んでいる私に、恋愛に使う時間なんてありません。1年以上、友達と会ったり、酒を飲んだりしていませんし、故郷にいる両親にも3年以上会っていません。受験勉強を始めてからは、秋夕《チュソク》(日本のお盆のような祝日)やクリスマス、正月など、世の中が休む日は私にとって働く日になりました。バイト代が2倍になるからです。もう30歳だし、いつまでも両親から生活費をもらって勉強するわけにもいきませんが、それでも頑張るしかないです」

教師を夢見て教師任用試験の勉強をしているハ・ヨンウさんは2年前から恋愛中だ。しかし、ハさんが彼女と会える時間はひと月にわずか1時間余りだ。

「月に一度だけ、日曜日のお昼に塾周辺の食堂で、彼女とデートします。日曜日にも(塾の)授業があるので、彼女と昼ごはんを食べたら、すぐに塾へ戻って勉強しなければなりません。わずか1時間のデートのために遠くから来てくれる彼女にはいつも悪いと思っていますが、むしろ彼女のほうから1ヵ月に一度だけデートすることを提案してくれました。彼女は(私が)試験に合格したらすぐにでも結婚したいと思っているようですが、正直試験に合格したとしても、結婚資金を作るまでにはさらに数年かかりそうです」

中小企業を退職して再び就活戦線に復帰したチョ・ユナさんは、韓国に住むことをあきらめようかと考えているという。

「再び就職準備生に戻って、以前より途方に暮れています。今は大学に行ったことを後悔しています。むしろ専門学校や高卒のほうが就職できたような気がするんです。どうしても就職が難しいようだったら、様子を見てワーキングホリデーに挑戦しようと考えています。ひとまず1年間海外に出て、そこに定住できるようであれば定住したいです」

こうしたN放世代の絶望感は、韓国の存亡にも直結している。韓国統計庁の「2015年人口住宅総調査」（5年ごとに発表）によると、若年層の未婚率が急激に増加している。20代が2010年の86・8%から91・3%に増え、30代は29・2%から36・5%に増加した。特に兵役と就職問題などで結婚が遅れる男性の場合、30代の未婚率は44・3%にもなる。2025年には、30代の男女未婚率が50%を超えるという予想も発表されている。

若年層の未婚率の増加は、出生率にも大きな影響を及ぼす。韓国統計庁の「2018年出生統計」によると、2018年の韓国の合計特殊出生率（一人の女性が生涯に産む子供の数の平均）は0・98人と、統計を作成して以来最低を記録、1年間の出生児数もわずか32万人台に止まった。最悪といわれた2017年の出生率1・05人よりもさらに落ち、世界初の「0人台」へ突入したのだ。国の存続を脅かす未曾有の事態といえる。

若年層が子供を産まない理由としては、経済的な問題が圧倒的に多い。女性家族部の「2015年度家族の実態調査」によると、20代の52・1％と30代の37・3％が経済的なことを考えて子供の出産計画をもっていないと明らかにした。

統計庁は2016年の人口推計で「2028年頃から総人口が減少する」という見通しを発表したが、出生率は予想を超える水準で減少しており、2019年3月に発表した「将来人口特別推計」では、韓国の総人口が自然減少を開始する予想時期を2019年下半期に修正した。

2006年、著名な人口専門家であるオックスフォード大学のデイビット・コールマン氏は、少子・高齢化によって地球上から消える危険国家の第1号として韓国を指名した。また韓国国会立法調査処は2014年、韓国の人口は2100年には2000万人に減少し、2750年には地球上から消滅すると予測した。韓国の歴代政府は、少子化が本格的な問題として台頭してきた2006年から2016年までの間に、対策費として約100兆ウォンの予算を投じており、2017年にできた文在寅政権も2年間で50兆ウォンをつぎ込んでいる。しかし、2006年に1・12人だった出生率は2018年には0・98人になり、世界で最も出生率が低い国となった。このままなら、韓国消滅の日はもっと早まるかもしれない。

ヘル朝鮮《チヨソン》とスプーン階級論

人生で最も大事なことを次々とあきらめなければならない祖国を、韓国の若者たちは「ヘル朝鮮」と呼ぶ。地獄（HELL）のように生き辛い国という意味だ。韓国ではなく、あえて朝鮮という言葉を使用することにより、14世紀から20世紀初めまで朝鮮半島を支配した李氏王朝のような、階級や差別が存在する前近代的で非合理的な国という意味も含んでいる。

ヘル朝鮮を叫ぶ韓国の若者たちが作った新しい理論に「スプーン階級論」がある。「スプーン階級論」によれば、韓国は表向き身分の差別がなく階層間の移動が自由な社会だが、実際には生まれた環境によって階級が決まる前近代的な社会だという。「スプーン階級論」は、「銀のスプーンをくわえて生まれる（Born with a silver spoon in one's mouth）＝裕福な家庭に生まれる」という英語の慣用句から派生している。個人の努力や才能より、親の財力によって階級（経済的地位）は決まってしまうという考え方だ。スプーン階級論では、富裕層の子供は「金のスプーン」、中間層は「銀のスプーン」、庶民層は「銅のスプーン」、最下層は「土のスプーン」と呼ばれる。それぞれの条件を見ると、「金のスプーン」は資産20億ウォン以上、または年収2億ウォン以上の家庭で生まれた子供だ。「銀のスプーン」は、資産10

億ウォン、または年収8000万ウォン以上、「銅のスプーン」は資産5億ウォン、または年収5500万ウォン以上、それ以下はすべて「土のスプーン」である。

スプーン階級論は、若者たちだけでなく、韓国社会全体に広く浸透している。2018年に、現代経済研究院が発表した「階層上昇に対する国民認識調査」を見ると、「いくら熱心に努力しても階層上昇の可能性は低い」と答えた人は83・4%と非常に高いだけでなく、2013年の75・2%から、2015年の81・0%、2017年の83・4%と上昇を続けている。

IMF危機以降、韓国社会の最も大きな問題は貧富の差による格差問題だ。二極化の傾向はIMF危機以前から始まっていたものの、IMF危機以降、中産層の崩壊によって格差が急激に拡大してしまった。IMF危機から20年経った今の韓国社会は、単純に財産による貧富の差だけではなく、所得・住居・教育・文化・健康など多様な領域で格差が広がる「多重格差社会」になってしまった。しかも、この格差が世代を超えて親から子へと受け継がれる現象に拍車がかかり、いくら努力しても階層上昇ができない社会構造が形成されてしまったのだ。

韓国を大きく揺るがした2016年の「ろうそくデモ」は、格差が定着した社会に対する土のスプーン階級の反乱といえるだろう。朴槿恵前大統領の最側近である崔順実《チエ・スンシル》氏が不当に権力を濫用したことが判明し、２０１７年3月、韓国の憲法裁判所から朴前大統領に対して弾劾審判が下された。この弾劾の原動力となったのが２０１６年10月から全国各地で行われたろうそく集会であり、ろうそく集会の発端は崔氏の娘チョン・ユラ氏の不正入学事件だった。

崔氏の一人娘であるチョン・ユラ氏は、２０１４年秋に仁川で開かれたアジア大会の乗馬団体戦で、金メダルを獲得。その翌年、スポーツ特別枠によって、韓国№１の名門女子大である梨花女子大に入学した。だが、入学願書の受付後に金メダルを獲ったことが明らかになり、不正入学だという疑惑が浮かび上がった。しかも梨花女子大の入学募集要項によれば、入学条件は、国際大会で団体戦ではなく「個人戦」で成績3位までに入った者が対象となっていた。

さらに、このような形で入学したチョン・ユラ氏に、授業で落第点を与えたある教授は、即刻、大学を解雇された。以後、梨花女子大の校則には、「スポーツ特別枠の入学者には、課題物だけ提出すればB単位以上を与えなければならない」という一文が加わった。

チョン氏を入学させるために特例入学資格条件まで変更した名門・梨花女子大の不正がマスコミを通じて明らかになると、韓国社会全体が激しく憤った。ところが、チョン氏は、自身のＳＮＳで、これ見よがしに「お金も実力だ」「能力がない両親を恨むべき」というコメントを連発して、国民の怒りを増幅させた。

そして、実力ではなく、両親のお金やコネで人生が決まる社会に対する土のスプーンたちの絶望や怒りが爆発し、最高権力者である大統領をその座から引き下ろすまでに至ったのだ。

次は、「機会は平等に、過程は公正に、結果は正義に」というスローガンを掲げた文在寅氏が第19代の大統領に選出された。大統領の父親を持つ「金のスプーン」の朴前大統領に比べ、北朝鮮からの避難民出身の文在寅氏は、庶民育ちの「土のスプーン」出身だったこともあり、若い世代から絶大な支持を得た。金のスプーンによって動かされてきた韓国社会が、土のスプーンたちによって大きく方向を変えた象徴的な事件である。

ただ、この文政権も、先述のとおり、誕生から2年半も経たないうちに、最側近の曺国《チョ・グク》氏をめぐる不正疑惑に見舞われた。富と権力が世襲化していることを改めて示したこの事件は、韓国の若者たちをさらに絶望に追い込んでいる。

第三章　職場でも家庭でも崖っぷちの中年世代

1　襲いかかるリストラの恐怖

犬になった中年男

中小企業で次長を務めるファン・ソンミンさん（47歳）は、自分を典型的な中年とは思っていなかった。しかし、ある日、女性社員たちが、こっそり自分のことを「ゲジョシ」と呼んでいるのを聞いて愕然としてしまった。

「ゲジョシ」とは、犬（ゲ）とおじさん（アジョシ）の合成語で、「品の悪い中年男性」に対して、若い世代が軽蔑を込めて使う流行語だ。

ファンさんは、自分がなぜ「ゲジョシ」と呼ばれるのか理解できなかった。失礼だという思いが頭の中を過《よぎ》ったが、だからといって彼女たちを呼んで問いただすわけにもいかない。ファンさんはすぐにインターネットで検索し、〈ゲジョシ・チェックリスト〉というのを見つけ出した。

＊

「ゲジョシ」とは、40〜50代の、権威的で自身の利益のためには他人の迷惑を顧みない男性のことを指す。女性や社会的弱者には強いが、立場が上の人には弱いのが特徴。次の項目のうち、一つでも該当すれば、あなたもゲジョシだ！

①コーヒー（お茶）は、女性が淹《い》れてくれたほうがうまいと思う。

②女性あるいは店の従業員が自分より若そうだと、すぐにため口を使う。

③自分が間違っていても、後輩の前ではひとまず自説を言い張る。

④地下鉄で周りの人たちを気にせず、足を広げて座る。

⑤相手をよく知るために、私生活を詳しく聞き出す。

⑥飲み会も業務の延長！　一人残らず出席すべきだ。

⑦部下に、業務以外の個人的な仕事をさせたことがある。

⑧自分の価値観を人に押し付ける。

⑨酔っぱらって、公共の場所で大声で騒いだことがある。

⑩その気になれば、自分より10歳以上若い女性とも付き合うことができると思う。

＊

「確かにゲジョシだ」ファンさんは呆然とした。

ファンさんは、月に2〜3回、仕事が終わった後、部下を連れて飲み会を開いていた。すべて自腹である。一人暮らしの部下たちに栄養補給させるとともに、仕事のストレスを解消してやりたいと思ったからだ。飲み会ではいつも部下の私生活を話題にした。「君はどうしてまだ結婚しないんだ」「好きなタイプは？」「男っていうのはね……」「私が若いときは……」

可愛い部下たちの相談に乗っているつもりだったが、ファンさんのこうした行動は全部、部下には「ゲジョシ」と見なされていたのだ。

中年男性に対する青年世代の反撃

韓国で「犬」という言葉は、相手を蔑む接頭辞としてよく使われる。ひどく汚れた席のことを「犬場（ゲパン）」といい、人をけなす時は「犬のような〇〇」「犬以下の〇〇」と言ったりする。人類最高のペットである犬が、なぜ韓国でこれほど冷遇されるのかという議論はさておき、犬をおじさんと合体させた「ゲジョシ」という造語の誕生は、韓国の中年男性に大きな衝撃を与えた。

韓国では、「ゲジョシ」は、既得権者である中年男性に対する青年世代の反撃の狼煙《のろし》と言われる。社会的な強者である中年男性への不満を、若者たちは自分が強者になれる「インターネット」空間で、造語の形で吐き出したのだ。そして、これがオフラインにまで進出した。

韓国の中年層が青年だった時代は、上司や年長者の権威的な行動を容認するムードがあった。かつては部長、あるいは課長、いや係長でさえも、部下たちの前で大言壮語し、気に入らない行動を指摘するのはもちろん、自分が生きてきた時代と比べて「昔はこうだった」と部下を叱った。

しかし、現在の韓国社会は、中年男性にも厳しい視線を向ける。「ゲジョシ」という言葉を作り、彼らが何気なくとってしまう行動を一つ一つ指摘するのだ。

職場にお客さんが来たとき、女性社員にコーヒーを頼むと「ゲジョシ」になる。部下に30分早く出勤して会議の準備をするよう頼んでも「ゲジョシ」になる。飲み会で携帯電話ばかり見ている部下を注意しても「ゲジョシ」になる。そんな世の中になったのだ。

20年前、青年だった彼らが当然と思っていた上司の行動が、今や社会的な指弾を受ける「パワハラ」になってしまった。今を生きる韓国の中年層は、「ゲジョシ」というレッテルを貼られないよう不断の努力をしなければならない。

前出のファンさんも、ゲジョシからの脱却に向けて勉強を開始した。

「最近、インターネットで『アジェ・ギャグ（親父ギャグ）』を学んでいます。あと、娘や妻に、『こんな話をされたらどう思う？』と訊いたりして、女性社員に対する接し方を学んでいます。仕方ないですよ。管理職である私は、部下からも評価を受けなければなりません。若い部下たちに良くない評価でもされたら、人事で不利益を受けます。私のほうから彼らの機嫌を取るしかないのです」

ルックスも競争力――美容に没頭する中年男性

Ｋポップに続いてＫビューティーが、韓流の新しい流れとして注目を集める中、韓国男性の美容ブームは、従来の「グルーミング（grooming）族」からさらに進化して、「グルダプター（Groo-dopter）族」を登場させた。

「グルーミング族」が美容やファッションに惜しみなく投資する男たちを指す造語だとすれば、「グルダプター族」はグルーミングとアーリーアダプター（early adopter）を合成した言葉で、美容のためなら化粧品はもちろん、整形手術も躊躇わない男たちを指す新語だ。

大手ＩＴ会社の役員を務めるキム・ギョンジュンさん（仮名・57歳）は、「グルーミング族」とはかけ離れた人物だった。顔が割れるように寒くて乾燥した冬でも、一度もローションを塗ったことがなかった彼が、数年前から百八十度変身し、若々しく見られるためなら整形手術も厭わない「美容男」になった。それは、40代前半の若い御曹司が会長の座に就いたことがきっかけだった。

「初めての役員会議の時、50～60代の役員たちの間に座った会長が、どんなに若く見えたか。会長を見た瞬間、自分が老けていることに恐怖を感じました」

キムさんは妻に勧められて整形外科を訪問し、目元の脂肪を除去する手術と、眉間と額のしわを取り除く施術を受けた。おかげで今は「40代に見える」とよく言われる。キムさんは、「私たちのようなサラリーマンにとって、老けて見えるというのは、ポストを明け渡す時が来たことを意味します。今後は肌の手入れを怠らず、せっかく若々しくなった顔をできるだけ維持したいと思っています」と話してくれた。

ソウルの「ビューティーベルト」と呼ばれる江南で、「バノバギ整形外科」を経営するパク・ジョンリム院長は、「うちの病院の場合、男性患者の割合が10%を超えています。最近は現役で働く期間が長くなったおかげで、若さを長く保ちたい中年男性が来院するケースが増えています」と説明する。

パク院長によると、同じ男性でも年齢によって整形したいポイントが違うという。

「就活を控えた20代の男性の場合は、善良かつ明るい印象を与えるために目や鼻の手術を希望することが多いです。一方、50~60代の男性たちは、仕事を休まなくてもいい簡単な手術や美容注射を好みます。たとえば、ボトックスなどでしわを改善する治療などが人気です」

同じく江南にある「JF皮膚科」は、中年男性に人気の高いスキンクリニックの専門病院だ。顧客の30%が中年の男性で、大企業の役員から、弁護士や医師、学習塾の講師、さらには聖職者まで、その職業は多彩である。チョン・チャンウ院長は、こう話す。

「私たちの病院を訪れる中年男性の最大の目的は、若くて快活な印象の顔にすることです。ビジネスにおいて顔の印象は、その人の能力や信頼度にまで影響します」

チョン院長は、手術に消極的な中年男性のために、手術をせずに顔の輪郭としわを改善する「印象クリニック」を考案した。

「印象クリニックは、来院患者を対象に7年前から始めた講義です。手術なしで若々しい印象にするため、生活習慣の改善を指導しています。口コミで広がり、今は大企業、商工会議所、官公庁からも講義の依頼があります」

祥明大学消費者住居学科のイ・ジュンヨン教授は、韓国男性の美容ブームについて、「人の目を過剰に意識する『体面文化』に起因している」と分析する。

「韓国は基本的に外見に対する関心が強い国ですが、これは他人の目を強く意識する体面文化のせいです。ブランド物を持つのと同じ感覚で、容貌を整えて他人から認められたいという欲求があります。こうした『外貌至上主義』の社会では、外見も、お金や学歴、スキルと同様に、人が持つ資本の一つと見なされます」

韓国化粧品業界によれば、不況の中でも、男性化粧品市場は急成長しているという。2008年に約6000億ウォン（約550億円）だった男性化粧品市場は、毎年10％以上の成長を続け、2013年には1兆ウォンを超え、2018年には1兆2000億ウォンまで拡大した。

厳しい競争社会の中で、若々しい顔を「スペック」の一つと捉え、時間やお金を投資する男性が増えているのだ。

四九開花、五四落花

韓国の10大企業の一つ「ポスコ」（POSCO）のIT関連会社「ポスコICT」のチョン・ジェヒ理事は、大学でコンピューター工学を学んだ後、1990年に現在の会社に入社した。仕事をしながら大学院に通い、経営学博士も取得。そして、入社から28年後の2018年、ついに理事（平取締役）に就任、役員の座を射止めた。

「私は同期よりも2〜3年遅れて役員に昇進しました。普通なら49歳か50歳くらいで初の取締役になります。しかし、昇進が遅くなったのは、むしろ良かったと思っています。入社同期のうち、すでに半数以上が退職していて、私は今年で54歳だから長く持ちこたえたほうなんです。役員に昇進すると、その次からは2〜3年ごとに改選される役員の椅子をめぐって、30人ほどで競争しなければなりません。昇進レースから脱落したら、もう辞めるしかありません。韓国の大手企業の生存競争は殺伐としています。毎朝、出勤してID

カードを当てるとき、オフィスのドアが開かないと胸がどきどきします。とうとうクビになったのかって。うちの会社では、今年も100人程度のリストラが予定されています。40代後半から50代で、ここ3年間の実績を基に対象者を選びます。おかげで会社の雰囲気は氷のようです。それでもうちの会社はまだましです。サムスン電子では、40代になると、もうリストラ候補になります」

大手IT企業の東京支社に勤めるユン・ドンウォン次長は、すでに昇進をあきらめている。

「役員への昇進は、もうあきらめました。海外支社の主な業務は、本社から出張してくる役員をアテンドすることです。韓国の本社に勤務していた頃に比べると、ここでは本当に気楽です。私の年齢で海外支社に出されたということは、すでに出世コースからは外れたことを意味します。東京勤務を終えてソウル本社に戻っても、さほど良いポストは期待できません。通常、海外勤務は3年が原則ですが、1~2年延長も可能です。どうせ出世はあきらめたので、なるべく長くこっちにいて、家族と旅行したり、プライベートの時間を楽しみたいです。韓国に帰ったら、また生存競争が始まりますから」

理事から始まる役員職は、すべてのサラリーマンが目指す「星」のような存在だ。ほとんどのサラリーマンは、この「星」に辿り着けるよう努力を惜しまない。しかし、大半は星に手が届かないまま、途中で脱落するのが現実だろう。

２０１４年10月、企業評価サイトの「ＣＥＯスコア」(http://www.ceoscore.co.kr) は、韓国30大企業グループの上場会社１８４社を対象に、社員に占める役員の割合を調査した。それによると、入社して役員にまでなれる確率は０・８７％。つまり、役員の座につけるのは、１１５人のうち一人ということだ。

韓国の企業では、実力さえあれば、比較的若い年齢で理事職につける。大手企業の役員人事が行われる5月になると、サムスン電子や現代自動車など、韓国を代表する大手企業で30代の取締役が誕生したというニュースがマスコミを賑わす。しかし、早く咲く花は早く散るもの。大手企業の役員の平均在職期間はたったの2年だ。

企業情報分析会社の「韓国ＣＸＯ研究所」は、２０１８年、韓国の売上高上位の10大企業の退職役員を対象に、役員たちの平均年齢と勤務年数などを全数調査して発表した。これによると、韓国の10大企業で、初めて役員に抜擢される平均年齢は49・6歳、役員から退いた平均年齢は54・2歳だった。役員に抜擢されてから辞めるまでの役員在職期間は、2年が20・9％で最も多かった。次に3年 (13・4％)、5年 (11・6％)、6年 (10・1％) の順である。役員になってからわずか1年で辞めたケースも5・4％あった。ＣＸＯ研究所のオ・イルソン所長は、この調査結果を「四九開花 (49歳で役員に抜擢)、五四落花 (54歳で役員退職)、花二絶頂 (役員在職期間は2年)」と表現する。

「法的な定年は60歳だが、実際に企業内部で体感する退職年齢は、50代前半とはるかに低いのが現状です」

大手企業の役員だけではない。大多数のサラリーマンにとって、中年退職は極めて深刻な問題だ。

２０１５年、ソウル市が50～64歳のソウル市民１０００人を対象に実施した「ソウル市の50＋（プラス）世代の人生二毛作の実態と欲求調査」によると、ソウルに住む男性の退職年齢は平均53歳、女性は平均48歳だった。しかも、退職後の再就職率は53・３％にとどまる。平均寿命が82・６歳（２０１７年時点）の韓国で、50代前半で会社から追い出され、再就職の道も半ばふさがれているのだ。

就職サイトの「インクルート」(https://www.incruit.com) が２０１８年に行ったアンケートによると、40代と50代の91％が、「中年失業率の増加を実感している」と答えた。その理由としては、「再就職を準備する40～50代が増えた」「退職する40～50代が増えた」「起業を準備する40～50代が増えた」が挙げられている。

現在、韓国の経済状況は「ＩＭＦ危機以降最悪」とも評価されている。最も深刻なのが青年の失業問題で、韓国統計庁によると、２０１９年４月現在、韓国全体の失業率は４・４％、青年失業率は11・５％と、どちらもＩＭＦ危機以後、最高水準だ。ここに、社会と家庭の中枢を担う中年の失業率も高まり、大きな社会問題となっている。

韓国の中年男性にとって、退職は死刑宣告と同じだ。若い頃は、良い待遇を求めてあちこち転職することも可能だが、40代半ばになると、いくら実力のあるサラリーマンでも転職はほぼ不可能になる。迫りくるリストラの恐怖の中で、どうにか生き残れるよう踏ん張るしかないのだ。

中年のサラデント

職級破壊、序列破壊が進行中の韓国企業では、もはや年齢や経歴だけでは昇進できない。むしろ、年齢が高ければ高いほど、昇進するには多くの努力が必要だ。

「以前は、ただ一生懸命働いていれば、そのうち課長になったり、部長になったりしたじゃないですか。しかし、今は、下手すると私より若い人が、私の上司になるかもしれません。いや、それどころか、若い人のほうがパソコンや外国語が上手だから、先に役員に抜擢される可能性が高いかもしれません」

中規模の製薬会社「コアファームバイオ」に勤務するパク・ソンジュン課長（45歳）は、英語にコンプレックスをもっている。しかし、戦略室という業務の性格上、英語や日本語など外国語の能力がどうしても必要だという。

「新薬についての情報や世界のトレンドを知るためには、英語や日本語で書かれた資料をたくさん読まなければなりません。以前は、重要な資料は外部に翻訳に出していたんですが、最近は経費節減のため、すべて社内で解決することになっています。通常、日本語で書かれた資料は、日本語の上手な社員が要約して社内のイントラネットにあげてくれるんです。しかし、英語の場合は、最近の若者がみんな英語が上手なこともあり、英語の資料がそのまま回覧されます。英語が苦手な私は資料を読むことができず、かといって部下に翻訳を頼むわけにもいかず。それで数ヵ月前から英語スクールに通って勉強をしています」

韓国の中年層が英語の勉強に励んでいることは、統計からも分かる。ネット書店の「YES24」（https://www.yes24.com）は、2018年、過去10年間の英語学習書の販売推移を分析、発表した。その結果によると、2017年に英語学習書を最も多く購入した年齢層は40代で、全体の41・4％にも上る。ここに50代の13・4％を足すと、中年層が54・8％となり過半数を占める。

IMF危機を経験した韓国の中年世代は、「実力こそが武器」という考えが頭に深く刻まれているため、危機感から自己啓発にのめり込むケースが多い。「サラデント（salaryman + student）」という言葉が登場したのも、IMF危機以後だ。会社に通う傍ら、学生のように勉強する人々を称した造語である。

２０１９年3月、就職サイト「ＪＯＢ ＫＯＲＥＡ」が実施した「サラリーマンの自己啓発に関するアンケート調査」によると、韓国のサラリーマンの10人に４人が、英語塾に通うなどの自己啓発を行っている。年齢別に見ると、20代が44・０％で最も多かったが、40代以上も32・９％が「自己啓発に時間を費やしている」と答えた。また、自己啓発のための費用は月平均17万１０００ウォンで、週に４時間48分使っていた。自己啓発をする理由としては、「雇用に対する不安と退職後に備えるため」という回答が51・２％で最も高かった。

氷河期ともいわれる経済状況のもと、退職時期が繰り上げられた韓国サラリーマンの「サラデント」ブームは、今後も続く見込みだ。

退職後の資格取得ブーム

中年男性たちの自己啓発は、業務に関係のない分野にまで広がっている。いつ首になるか分からない不安の中で、退職後を見据えていろんな資格取得に励んでいるのだ。

「２０１７年から経営指導士（経営コンサルタント）の資格を目指して勉強しています。試験は１年に一度しかないし、資格試験の中でも最難関の一つと聞いているので、とても心配です。試験は１次と２次がありますが、１次は中小企業関連法令、会計学、企業診断学、経営学、調査方法論、英語の６つの試験を行い、２次は分野ごとに３つの試験科目があります。大手企業の役員出身者は1次試験が免除になるため、私は2次試験だけ受ければいいのですが、それでも大変です。私が狙っているのは人事分野なので、人事管理、組織行動論、労働法と労使関係論を勉強中です。

この資格があれば、中小企業に再就職でき、あるいは政府の紹介で中小企業を対象に経営コンサルティングができます。娘たちの結婚費用を稼ぐには、これから数年は働かなければなりませんが、特技がないので資格に頼るしかないですね」（チョン・ジェヒ理事）

「韓国語教員の資格を取得しようと思っています。1級から3級までありますが、韓国語専攻でなかった私は3級から受けなければなりません。韓国語だけでなく、韓国文学や教育学なども試験科目にあります。合格した後も、国立国語院が設けた教育課程を履修する必要があります。実は、退職して子供たちを結婚させたら、生活費が安い東南アジアに移住することも考えています。最近、韓流が世界的に流行っているので、そこで韓国語教員をしたらどうかなと思っています。ただ、よりによってこれが若者に人気の資格だとわかり、なんだか自信をなくしてしまいました。私の年で若い人と競争すると思うと怖くなります。いっそ、あきらめて、最近新設された住宅管理士資格試験を受けたほうがいいかもしれません」（チョン・ユンチャン部長、ドラマ制作会社勤務）

「公認仲介士、競売士、経営指導士の資格を持っています。今は労務士試験を勉強中です。

1つの資格を取るのに短くて1〜2年、長い場合は3〜4年かかったので、10年以上は資格試験の勉強を続けていることになりますね。休日も子供たちと遊んであげられないまま、図書館で勉強ばかりしていました。当然妻は嫌がります。『いい加減にして』とよく言われます。時間もですが、金も結構かかりましたから。でも、これだけ資格を持っていてもまだ不安です。もうほとんど中毒ですね」（チェ・スヨン次長、48歳、韓国音楽著作権協会勤務）

雇用労働部と韓国産業人力公団の統計（「2018国家技術資格の統計年報」）によると、ここ5年間で50代以上の技術資格取得者が急増している。全体の取得者は5年前と比べて13・8％の増加だが、50代以上は52％増と、50代以下の増加が10・6％にとどまっているのとは対照的だ。国家技術資格で、退職後の準備をしようと考える中年層が急激に増えたものとみられる。中年層が最も多く取得した技術資格は、男性はフォークリフト運転技能士、掘削機運転技能士で、女性は韓国料理調理技能士、洋食調理技能士の順だった。「免許発給が可能で、すぐに就業できる種目が好まれる」というのが、労働部関係者の説明だ。

しかし、現実はそう甘くない。いざ、資格を取っても、就職できない場合がほとんどだ。中年層は年齢制限や経歴制限によって就職市場でそっぽを向かれてしまう。最近のように青年層でも良い就職先が見つからない中で、経歴もなく資格だけで再就職に挑む中年の姿は無謀にも見える。

「結局、年のせいで、資格をいくら取っても再就職できないのが現状です。退職すると、だいたい50代半ばですが、同じ資格を持っていたとしたら、30代と50代でどちらを採用するかは目に見えています。気休めにしかならないんですよ。そこで最近は、自営業が可能な資格が注目されています。バリスタ資格、調理師資格、ペット美容師資格なんかが人気です」（チェ・スヨン次長）

中年の考試、公認仲介士試験

就職を求めて若者が殺到する公務員試験や教師任用試験を「青年考試」とすれば、「中年の考試」と呼ばれるほど、中年層が押し寄せるのが「公認仲介士」試験だ。

公認仲介士とは、主に不動産を取り扱う不動産仲介士を指す。日本でいえば、宅地建物取引士にあたる。

公認仲介士は、かつては退職した高齢者の職業というイメージだった。１９６０年代までは住宅や商店の売買がほとんどだったため、専門的な知識をそれほど必要とせず、町内の地理に明るく、住民から信頼の厚い高齢者が、小さな事務所を開いて気軽に営んでいた。当時は、不動産屋は「福徳坊《ポクトッパン》」と呼ばれていた。縁起の良い日を選ぶ「生気福徳」という言葉に由来し、風水などを踏まえて家や店を仲介し、大きな福と徳をもたらすという意味だ。

老人の仕事だった不動産屋が脚光を浴び始めたのは1970年代からだ。政府主導の大規模開発ブームが起こり、不動産屋も次第に大型化、専門化していった。70年代後半になると、高度成長の影響で、未曾有の地価暴騰が発生、不動産投機がブームに。過熱した不動産ブームは、売買の過程で詐欺まがいの事例を続出させた。不動産投機を専門とする「福夫人《ポッブイン》」が現れ、悪質福徳坊が社会問題になったのもこの頃だ。

そこで、韓国政府は、不動産取引に秩序をもたらし、国民の財産を守るという目的で、1984年に「不動産仲介業法」を制定、不動産業の専門性と責任を強化しようとする。そして、この際、導入されたのが「公認仲介士資格試験」なのだ。

1985年に初めて行われた公認仲介士試験は、それまで不動産屋を営んできた高齢者を新制度に引き入れるために、「次のうち、不動産でないのはどれか」というような、簡単な問題がほとんどだった。初年度の合格率38％は、今も破られない史上最高記録だ。その後、少しずつ難易度は高まったが、これといった受験資格もなく、比較的容易に合格できるという評判から、高齢者はもちろん、中年から大学生に至るまで、幅広い年齢層が受験するようになった。

その公認仲介士試験が、大きく様相を変えたのは、やはりIMF危機が引き金だった。IMF危機以前は毎年5万人前後だった受験生が、2000年代になると10万人台まで跳ね上がった。将来に対する不安が高まり、「何でもいいから資格を取ろう」と考える中年サラリーマンや、首になった夫の代わりに仕事をさがす主婦たちが、この資格に群がりはじめたのだ。この時から、公認仲介士試験は「中年の考試」と呼ばれるようになる。

受験生が急増したことで試験の難易度もぐんと上がった。2004年に行われた第15回試験には、延べ24万人という記録的な数の人が受験したが、合格率は2%にも及ばなかった。2005年、これに怒った受験生たちが、管轄する建設交通部（現国土交通部）の前で大規模なデモを実施。一部は警察の阻止を掻い潜って庁舎の中に侵入し籠城、建設交通部庁舎の窓ガラスを割る騒ぎとなり、マスコミを賑わせた。

現在も、毎年20万人以上が公認仲介士試験に挑んでいるが、就職難が深刻になった近年は、中年層よりも20代、30代の受験者の比率が高くなっているという。韓国公認仲介士協会によると、2017年の試験では、20～30代の受験者が全体の41・5%を占めた。不動産価格の高騰が彼らの期待を膨らませている。

しかし、不動産業界の展望はそれほど明るくない。韓国公認仲介士協会によると、2017年時点で資格保有者は40万6072人に達しており、さらに毎年2万人以上が増えている。一方、市場はすでに飽和状態で、不動産屋1軒あたりの取引件数は、年平均9・3件に止まっている。つまり、1ヵ月に1件以下の契約件数である。すでにある不動産業者を保護するために、韓国公認仲介士協会では、現在の合格率20〜30%を調整、難易度を高める方向で考えているという。もしかしたら、2005年の悪夢が再現されるかもしれない。

起―承―転―チキン

大学で化学を勉強したキム・ヒョンチョルさん（49歳）は、ドイツに本社を置くグローバル製薬企業の韓国法人に勤務している。韓国の大手製薬会社に勤めていた30代前半に、年俸30%アップという条件で、ヘッドハンティングされた。しかし、50歳を目前にして衝撃的な話を聞いた。ドイツ本社が、自分が所属している事業分野からの撤退を発表したのだ。

「本社からは、あまりにも規模が大きいので、正式に売却されるまであと2年はかかると言われているんですけど、本当に不安です。どこに売られるのかも心配ですが、正直なところ、そこに私の居場所があるかどうか、それがいちばん心配です。50代は賃金のピークじゃないですか。40代ならいざ知らず、50代は間違いなくリストラ順位1位ですよ。今から中小の製薬会社に転職先を探すか、それともこのまま居座って退職金を受け取った後、チキン店でも始めるか悩んでいます。何をやっても今よりは収入が減るので、まだ小さい子供たちを大学まで行かせることを考えると、夜も眠れなくなります」

チョ・ギュヒョクさん（仮名・57歳）は、大学卒業後、サムスングループの中央開発（現サ

韓国GMのリストラ案に対する抗議デモ
(Yonhapnews／ニューズコム／共同通信イメージズ)

ムスン物産）に入社した。40代半ばで理事に昇進したが、3年後、49歳の時に、ケータリング会社へ出向となり、2年間社長を務めた。その後、中小企業の社長を転々とし、54歳で現役から完全に引退した。いわば超エリートだが、現在は、家の近くでフランチャイズのチキン店を営んでいる。

「人からは大手企業の役員までやったので貯金もたくさんあるだろうと言われますが、子供たちを大学まで行かせて、親の扶養もしていたので、貯めていたお金はほとんどなくなりました。会社に残って働き続けようと思っていたんですが、体を壊して4年前に退職し、1年間休みました。もらった退職金は、子供の結婚費用に使ってしまい、老後のことを考えると、また稼がなければと思い、チキン店を始めたんです」

2016年、チョさんは、思い切って約2億ウォンをかけて、自宅から30分ほどの距離にある盆唐区《プンダン》板橋洞《パンギョドン》に、有名チキンブランドのフランチャイズ店をオープンした。板橋洞は、別名「板橋テクノバレー」と呼ばれる場所で、ネイバー、カカオ、NCソフトなど、IT大手が集中している。

「会社に通っていた時、残業する若い社員たちが一番たくさん食べていた夜食メニューがチキンだったんです。だから、残業の多そうなIT大手が集まっているこの場所を選びました。ところが、昨年夏から週52時間勤務制が導入されたことで、売り上げがガクンと落ちてしまいました。近くに住宅街がないため、勤務時間の短縮は売り上げにそのまま影響します。最近は一日中チキンを揚げても、1ヵ月の収入が200万ウォンに届くかどうかというレベルです」

チキンは韓国が世界に誇る「Kフード」の代表的な食べ物であり、韓国人のソウルフードとも言われる。「チキン共和国」という言葉があるほどで、多様な料理法のある韓国のチキン店は、2019年2月時点で、全国に8万7000店あまりが営業中だ（「KB金融持株経営研究所」の「自営業分析報告書」）。マクドナルドの店舗が全世界で約3万7000店なので、その約2・4倍である。

韓国にこれほどチキン店がある理由は、退職した中年男性にとって最も取っつきやすい仕事が、フランチャイズチキン店の経営だからだ。材料や調理マニュアルはすべて本部が提供し、インテリア業者まで紹介してくれる。売り場のスペースを確保し、フランチャイズ費用さえ払えば、誰でもオープンできるようになっているのだ。少なければ5000万ウォンからでも開業が可能だという。

韓国男性の人生を指して、「起－承－転－チキン」という流行語がある。学歴が高卒であれ名門大学出身であれ、会社が中小企業でもサムスン電子でも、結局はチキン店が人生の終着駅という意味だ。

前出の「KB金融持株経営研究所」の「自営業分析報告書」によると、韓国では、2014年から2018年までの4年間、平均で毎年約6800のチキン店が開業し、約8600のチキン店が廃業している。まさにチキンゲームである。

自営業者も崖っぷち

2019年9月、企画財政部が国会に提出した「最近5年間のOECD加盟国の自営業者比率」という資料によれば、韓国の勤労者全体のうち、自営業者が占める割合は2018年時点で25・1%で、OECD平均の15・3%より約10%も高く、米国（6・3%）の約4倍、日本（10・3%）の約2倍も高かった。2018年の統計が出ているOECD加盟国のうち、韓国より自営業者の占める割合が高い国はギリシャ、トルコ、メキシコ、チリの

4ヵ国しかない。

一人あたりのGDPが低いほど自営業者の比率が高くなるのが一般的だが、一人あたりGDPが3万ドルを超える韓国で、なぜ、これほど自営業者の占める割合が高いのだろうか。

専門家は、硬直した労働市場にその原因があると分析する。労働市場が柔軟で再就職が容易にできる国に、自営業者は多くない。一方、労働市場の柔軟性が低く、一度仕事を辞めると再就職が難しい国は、自営業者の比率が高くなる。韓国は後者に近い構造だ。

資本主義が非常に早い速度で導入されたことも、その要因だとする分析もある。市場経済が急速に入ってきたことで、一部産業では企業化が間に合わなかった。企業化が遅れた外食業やホテル業などに、自営業者が進出したという説明だ。実際、韓国で自営業者が最も多く従事する分野は宿泊業や飲食店である。

社会保障の不備も自営業者を量産している。雇用保険の加入率が低く（2017年時点で71・9％、日本は98％）、失業給付金の水準も低い韓国では、退職後、生計のために1人で自営業を開始するケースが多いということだ。

雇用に大きく貢献する大企業の数が少ないことも、自営業者が多い原因の一つだ。OECDが2017年9月に発表した「図表で見る企業活動2017年版」によると、韓国の大企業（従業員数250人以上）の数は701社で、米国（5543社）や日本（3576社）よりはるかに少ない。この結果、韓国の大企業が占める雇用の割合は全体の12・8％で、58・7％の米国や47・2％の日本などに比べて大幅に低く、調査対象となった37ヵ国のうち、ギリシャの11・6％に次いで下から2番目の数字である。加えて、2010年代序盤から本格的に低成長の時代に入った韓国では、企業全体の雇用意欲が落ち、自営業者が増え続けている。しかも、新規参入による過当競争によって、従来の自営業者たちまでが苦しくなる悪循環になり、自営業者の平均所得は賃金労働者の50％程度まで落ちている。

そして、文在寅《ムン・ジェイン》政権が推進している労働政策が、自営業者をさらに窮地に追い込んでいる。文在寅政権の2年間で、最低賃金は約30％も引き上げられたが、実はその直撃を受けているのが自営業者なのだ。

「最低賃金が上がったため、2018年からはアルバイトを解雇し、妻と私の2人でやっています。妻が鶏を揚げ、私は主に配達を担当しています。妻には申し訳ないと思っています。友達は旅行だのゴルフだので忙しいのに、妻は一日中油の前に立ちっぱなしですから。店を閉めてしまいたいという気持ちが、一日に何回も込みあげます。しかし、いざ閉店してしまったら、年金を受けられるまでまだ7〜8年もあるのに、どうやって生きたらいいか、考えると気が遠くなります」（チョ・ギュヒョクさん）

硬直した労働市場、社会保障の不備、大企業の少ない脆弱な経済構造、これらによって第二の人生として自営業を選ばざるをえなかった中年世代を、文在寅政権の現実を無視した理想主義的な労働政策が、崖っぷちにまで追い込んでいるのだ。

2　我慢を続ける「雁パパ」たち

雁パパ、鷲パパ、ペンギンパパ

政府傘下の技術研究所のチーム長として勤務するソ・チョンテさん(50歳)は、いわゆる「雁パパ(キロギアッパ)」だ。4年前、中学2年生の息子を米国に留学させ、2年前には息子の世話のため妻まで米国に渡っている。

「『息子が米国の生活に馴染《なじ》めないようなので私も行きたい』と妻が言い出しました。初めは反対したのですが、息子が大変だというのでしぶしぶ認めました。『親は子に勝てない』という言葉もあるじゃないですか。家を売って、そのお金で妻を米国へ行かせました」

「雁パパ」とは、子供の教育のために、妻と子供を外国に行かせ、自分は韓国に残って教育費や生活費を送金する父親を指す言葉だ。父が一人で韓国に残って働き、ときどき家族に会うため海外へ飛んでいくことを、渡り鳥である雁に喩えた表現である。

「雁パパ」は、早期留学の流行が生み出した現象だ。1990年代初め、江南地域の富裕層を中心に英語教育ブームが巻き起こった。彼らはまだ幼い子供たちを米国に留学させ、英語の勉強をさせた。米国の大学の授業について行けるくらいの英語力を身につけさせるためだ。しかし、まだ幼い子供を一人で留学させるのは心配だから、母親が同行し、父親は韓国に残って留学費用を稼がなければならない。

1990年代半ばになると、早期留学は中流層にまで広がり始めた。「雁パパ」という単語は国語辞典にも掲載されるようになり、すっかり市民権を獲得した。

今は、韓国の高い教育費に耐えきれず、教育費の安いフィリピンや中国などアジア諸国に早期留学させるケースも増え、平凡なサラリーマンも「雁パパ」の仲間入りを果たすようになった。また、妻と子供をソウルに送り、地元に一人で残って金を稼ぐ父親や、名門学習塾が集まっている江南に妻と子供を送り、自分は江北で一人暮らしする父親を指す「ローカル雁パパ」という言葉も登場した。

「私は、準公務員なので月給はさほど高くありません。あれこれ税金を引かれて、ひと月の手取りは500万ウォンちょっとですが、全額米国に送金しています。ソウルにあった家を売り払った金で、米国に小さな家を買いました。おかげで家賃がかからない分、生活費は安く済んでいます。まわりの雁パパに聞くと、米国に留学させた場合は、普通ひと月に1000万ウォン以上送金しているみたいです。家賃がかからないとはいえ、うちは5

００万ウォンから学費と生活費を払わなければならないのだから、妻は大変でしょうね。いつも妻と子供には申し訳ないと思っています」

ソさんは、自分の生活費はアルバイトでまかなっている。ソウル大学で博士号を取得し、技術特許をいくつも持っている一流エンジニアのソさんだから、できることだ。

「依頼を受けて、大学や会社で講義をしています。また、学生の論文の審査を行ったり、親しい教授のプロジェクトを手伝ったりして金を稼いでいます。１ヵ月に１００万ウォンほど入るので、十分ではないが生活に問題はありません」

ソさんは、会社近くのワンルームで暮らしている。30平米に満たない小さな部屋で、１ヵ月の家賃は50万ウォン。食事はほとんどコンビニのおにぎりとカップラーメンで済ませている。少しでも生活費を切り詰めて、米国に送金したいからだ。

「いちばん嬉しいのはボーナスが出た時です。昨年末は、私が持っている特許に対してボーナスが手厚く出ました。数千万ウォンのボーナスを送金した時は、自然と笑いが出ました」

「雁パパ」が一般的になったことで、「雁パパ」の中でも階級が生まれるようになった。いつでも海外へ会いに行ける財力のある父は、「鷲パパ（トクスリアッパ）」と呼ばれる。一方、給料のほとんどを送金し、飛行機代がなくて海外へ飛べない父のことは、「ペンギンパパ（ペンギンアッパ）」という。ペンギンの、自分を犠牲にしても子供を守る強い父性と、飛べないことをかけた言葉だ。

雁パパの憂鬱

「雁パパ」は、過度な教育熱が生み出した韓国特有の現象だ。正確な統計はないが、韓国には1万人以上の「雁パパ」がいると言われており、家族と離れて一人で暮らす「雁パパ」には、さまざまな危険が存在する。

まず、「雁パパ」には、外国に行った子供の教育費と妻子の生活費が重くのしかかっている。毎月数百万ウォンから数千万ウォンもかかる費用のため、家計が破綻し、サラ金に手を出す「雁パパ」もいる。

また、「雁パパ」は家族の解体にもつながる。経済的な負担に劣らず、「雁パパ」を苦しめるのは孤独だ。

2015年10月6日、「朝鮮日報」に次のような記事が掲載された。〈8年間、妻と娘に送金し続けた「雁パパ」、離婚裁判勝訴〉という見出しで、内容は次の通りだ。

＊

釜山《プサン》に住む50代男性A氏は、娘が13歳だった2006年9月、教育のために娘と妻を米国に行かせた。A氏はテコンドー道場を経営しており、教育費と生活費を送り続けてきたが、経済的な負担は耐え難いものになっていった。A氏は２００９年12月、妻に「友達にお金を借りるのも容易ではない。憂鬱で寂しい」と、訴えるメールを送った。２０１０年3月には韓国に戻ってきてほしいと呼びかけ、翌年の1月にはメールで離婚を求め、帰国を促した。その後も「健康状態が良くない」「経済事情が苦しい」というメールを送り、妻と娘に帰国するよう依頼した。

２０１２年3月、妻はA氏に「８０００万ウォンくれれば離婚に同意する」というメールを送り、A氏は５０００万ウォンを送金した。しかし、妻は帰国の意思はほのめかすものの、その後もさまざまな条件をつけて、結局、昨年6月までおよそ8年間、一度も帰国しなかった。ついに、A氏は妻を相手どって離婚訴訟を起こし、裁判所は「長期間の別居によりコミュニケーションが不足し、夫婦の絆は失われた。婚姻関係は、これ以上続けられないほど破綻している」と判断、Aさんの離婚請求を認めた。

＊

孤独や経済面のストレスは、ひどい場合は自殺にまでつながる。２０１３年4月、大邱《テグ》市内のあるマンションで、歯科医師のB氏（50歳）が練炭を焚いて死亡、遺体で発見された。B氏は、２００３年に米国に渡った娘と妻を、10年間も扶養してきた「雁パパ」だった。警察はB氏が残した遺書の内容から、娘の留学による問題に悩み、自ら命を絶ったものとみなした。

寂しさが募った「雁パパ」たちは、風俗を転々としたり、ＳＮＳなどで知り合った未成年者との援助交際に嵌《はま》るケースも多い。「雁パパ」が集まる「雁バー」というデートバーが、江南を中心に続々現れているというニュースもあった。タブロイド週刊紙「日曜新聞」によると、「雁パパ」をターゲットとする「雁バー」は、好みの女性を指名して一対一で酒を飲みながら会話する風俗店で、費用は1時間に10万ウォン程度だという。

「雁パパ」の劣悪な健康状態について報告した研究もある。２０１２年に発表された「雁パパの健康と生活の予測モデル」（水原大学看護学科チャ・ウンジョン教授）という論文によると、35〜59歳の「雁パパ」１５１人を対象に調査した結果、全体の77・８％が栄養不良に苦しんでいることが分かった。また、調査対象の29・８％は「憂鬱を感じる」と回答した。

「クリスマスやお正月が一番寂しいです。米国にいる家族に電話したいけど、昼夜が逆なので、声が聴きたくても電話できない時が多いです。会いに行きたいのはやまやまだけど、飛行機代を考えるとそう簡単には行けません。一人でご飯を食べているとき、急に涙が出ることもあります」（ソ・チョンテさん）

子供の教育のために我慢を続ける「雁パパ」。その姿は痛ましいほどだ。

中流層の罠、「エデュプア」

前出のキム・ヒョンチョルさんは、2人の息子をソウル市内の私立小学校に通わせている。共稼ぎのキムさん夫婦の収入は、月に手取りで1000万ウォンほど。このうち、子供の教育費や養育費が収入の60%以上を占めている。

「私立小学校は月々の授業料がだいたい50万ウォンほどですが、それ以外に特別活動費、放課後授業料や給食代、スクールバス代、制服代などで、ひと月に100万~150万ウォンくらいかかります。それに英語塾、音楽塾などに通わせないと、授業に追いつけません。教育費だけでも一人あたり月200万ウォンはかかると見なければなりません。それに午後だけ家に来て子守をしてくれるベビーシッターさんに月70万ウォン、子供たちの洋服代や食事代、お小遣いなども合わせると、月に600万ウォンはかかります」

キムさん夫婦は、結婚して13年経つが、まだマイホームをもっていない。

「家を買うのは、ほとんどあきらめています。今はとりあえず、子供たちが通っている私立小学校を、無事に卒業させることが目標です。これから会社がどうなるか分からないので、金のかかる私立小学校に通わせるのは不安なのですが、公立学校に転校させるのは妻が反対しています。息子たちにお金は残せないけど、教育だけは人に負けないようにしてあげたいというのが、私たち夫婦の考えです」

イ・ソンスクさん（50歳）は、昼間は公文の先生をしながら、夜は弘益《ホンイク》大学前の居酒屋でアルバイトをしている。午前11時から深夜2時まで15時間働いているが、手に入るお金は月に250万ウォン程度。中小企業の課長をしている夫の給料と合わせても、家計はいつもぎりぎりだ。

「とにかく教育費が高すぎます。上の子は2017年に大学へ入りましたが、受験勉強に毎月200万ウォンほどかかりました。今年は次女が受験生です。ツージョブ（2 JOB）を始めてから何年も経ちますが、家計はますます厳しくなっています。お金を貯めるどころか、銀行から借金しています」

大学生と高校3年生の娘を持っているイさんの家庭も、子供たちの教育費に収入の半分以上を使っている。銀行から借りたお金がまだ残っているのに、今年の冬には長女を海外研修に行かせるため、またどこかからお金を借りなければならない。

「長女から冬休みに、ニュージーランドへ語学研修に行きたいと頼まれました。就職するためには海外研修が必要なんだそうです。我が家の経済状況からすると500万ウォンもする海外研修なんてとても無理だけど、『就職のため』と言われると払ってあげるしかないです」

収入に比べ、過度な教育費の支出で負債を背負う家庭を「エデュプア」（education+poor）という。民間研究所である現代経済研究院の報告書「韓国世帯の教育費支出構造分析」（2012年）によると、エデュプアは「家計が赤字で負債があるにもかかわらず平均以上の教育費を支出したために、貧困な状態で生活する世帯」と定義されている。2011年の時点で、韓国のエデュプア世帯は82・4万世帯、世帯員数は305万人と推定されている。教育費のかかる子供を抱えている世帯のうち、エデュプア世帯が占める割合は13・0％で、実に10世帯に一世帯以上はエデュプアということになる。

エデュプア世帯は教育費が突出しているため、他の部分の消費を最大限に減らして暮らすという異常な生活をしている。平均より50％以上多く教育費を支出する代わりに、衣食住の支出は平均より3・4％少なく、保健医療や交通・通信費、交際費などへの支出は平均より7％も少ない。しかし、どれだけ節約しても異常な教育費により、所得より支出が月平均68・5万ウォンも多く、借金するしかない構造だ。こうしたエデュプアは、主に親が40代で大卒の中流層に集中していると報告書は指摘する。

大きな財産を残すことができないならば、せめて教育を通じて成功できる基盤を作ってあげたい、というのが韓国の親たちに共通の願いだ。「我が子だけは超競争社会の中で生き残ってもらいたい」という一念で、収入のほとんどを子供の教育につぎ込み、負債まで背負うエデュプアは、老後、シルバープアに転落するケースが多いという報告もある。

ダブルケアの呪縛

「子供は親の面倒を見るのがあたりまえ」と思われてきた韓国社会で、年老いて経済的能力を失った親を扶養するのは、中年層に課せられたもう一つの重荷だ。

「私たちは兄弟3人で60万ウォンずつ出し合って、両親に生活費を仕送りしています。それと、病院代として使う通帳を別に作って、3人が毎月10万ウォンずつ入れています。私は遅く結婚したので、子供たちはまだ中学生と小学生です。これから教育費がかかるところなので、正直、親の扶養費は結構な負担になります。今、いちばん恐ろしいのは、親が大きな病気にでもかかったら手術費や介護費をどうしようかということです」（ファン・ソンミンさん）

「両親は2人とも80歳を超えていますが、幸いまだ元気です。田舎に住んでいるんですが、教師だった父は経済的に余裕があって、扶養費を送る必要はありません。しかし、私は長男なので、いつかは親の面倒を見なければいけないということは常に考えています」（チョン・ジェヒさん）

「父は亡くなり、母は療養病院にいます。兄が長男なので母の面倒を見るべきなのですが、義理の姉が大反対して……。だから、病院代は兄が全額払っています。病院代と介護人の費用を合わせると、ひと月に150万ウォンほどかかると聞きました。私も子供なのに兄だけに負担を負わせて悪いと思っています。余裕があれば私が母の面倒を見たいんですが、今は子供たちの教育費のために深夜まで働かなければならないので、うちで母を見るのは到底無理です。療養病院で寂しがっている母には申し訳ない気持ちでいっぱいです」（イ・ソンスクさん）

就職難や晩婚などで子供の自立が遅くなる一方、平均寿命は長くなり、両親を扶養しなければならない期間も次第に延びている。2018年、「未来アセットリタイア研究所」は、韓国の50～60代の世帯主を対象に、子供と親の面倒を同時に見ている「ダブルケア」世帯がどのくらいあるかを調べた。

世帯主2001名を対象としたアンケート調査の結果、52・3％が成人した子供に毎月定期的に生活費を渡しているか、あるいは結婚資金などのまとまったお金を与えていると答えた。老父母に定期的に生活費を送ったり、介護費を支払っているケースも62・4％に達した。成人になっても経済的に自立できない子供を抱えながら、経済力を失った親の面倒を見るという「ダブルケア」状態におかれている世帯は34・5％に上る。老後の準備を始めなければならない中年世帯の3人に一人が、「ダブルケア」という重荷を背負っているということだ。

「子供たちの教育費や親の生活費への出費が多く、給料をもらっても指の間から砂のように零れ落ちていきます。友達の中で親の面倒を見なくてもいいというやつが一番羨ましいですね。そういったやつに限って、親からもらう財産まであったりしますから。私の両親は市場で餅屋を営みながら、私と兄たちを大学まで行かせてくれました。だから、自分たちの老後のためにお金を貯めることができませんでした。それを考えると、親の面倒を見るのはあたりまえだと思いつつも、現実には本当に厳しいです」(ファン・ソンミンさん)

しかし、親の扶養に対する韓国人の認識は、速いスピードで変化している。統計庁の「韓国の社会動向2018」によると、両親の扶養は家族の義務だという回答は26・7%で、10年前の2008年(40・7%)に比べて14ポイントも低くなっている。また、親が自ら解決すべきだという回答は11・9%から19・4%へ7・5ポイント増えた。回答の中では「家族とともに、政府や社会が責任を負わなければならない」という意見が最も多く、10年前より4・7ポイント高い48・3%だった。

「私たちの世代が親の面倒を見る最後の世代だと言うじゃないですか。部下たちを見ると、それでも40代までは両親の面倒を見るのは子供の義務と考えている人が結構いますが、30代以下は親の面倒を見なければならないという考え自体がありません。私も子供たちに頼るつもりはありません。ただ、なるべく長く働き、なるべく長生きしないことを祈るだけ

です」（チョン・ジェヒさん）

マイホーム取得には9年分の年俸が必要

「マイホーム」は韓国人にとって至上命題だ。マイホームを入手できるのは中年以降が多いので、「中年のロマン」という言葉もある。しかし、5000万の人口のうち1000万人が暮らしているソウルでは、クレージーな地価高騰によってマイホームをもつことは決して容易ではない。KB国民銀行の不動産サイトである「Liiv ON」（https://onland.kbstar.com）によると、2019年5月時点の、ソウル市の住宅平均価格は6億3700万ウォン、マンションの平均価格は8億1000万ウォンだ。

韓国では、家を買うためには銀行の「住宅担保融資」を利用するしかない。ところが、これで銀行から借りられるのは住宅価格の30〜40％（ソウル市の場合、全国平均は60％）に制限されているため、まとまった頭金がないと、マイホームをもつことは永遠に不可能だ。仮に、ソウルで8億ウォンのマンションを購入しようとした場合、銀行から借りられる金額は3億2000万ウォンが最大で、4億8000万ウォンの頭金がないと、一生ソウルで平均的なマンションは買えないことになる。

製薬会社に勤める1974年生まれのパク・ソンジュン課長（前出）は、自分たちを「呪われた世代」と呼んでいる。

「私が大学を卒業した1999年は、韓国経済が最悪な時期でした。私より少し先に生まれた1960年代生まれの人たちは、IMF危機以前のバブル期にやすやすと入社できたんですが、私たちはIMF危機直後に就職戦線に出されました。当然、就職するのは夜空の星をつかむくらい難しかったです。今も状況は同じです。68年生まれのうちの部長はマンションが2軒もあるのに、私はまだマイホームをもっていません。先輩たちは『コツコツ金を貯めれば家は買える』と言いますが、今はいくら節約しても家が買えるほどのお金を貯めるのは不可能になっています。なぜ、マンションはあんなに値段が跳ね上がるんでしょうか。ソウルでマンションを買うためには、少なくとも3億～4億ウォンほどのまとまったお金が必要ですが、子供たちの教育費に使ってしまったので、貯金はほとんどありません。今住んでいる貸家の契約金2億ウォンが全財産です」

サラリーマンがソウルにマイホームを構えるまで、どのくらいの期間が必要か。ソウル市が発行した「2017年住居実態調査」によると、ソウル市民の住宅購入価格対年間所得は8・8倍と集計された。サラリーマンがソウル市にマイホームをもつためには、平均9年分の年俸が必要ということだ。地域別に見ると、住宅価格が最も高い「江南圏《カンナム》」の江南区と瑞草《ソチョ》区は、それぞれ18・3倍と20・8倍である。給料をまったく使わないで18～21

年間貯め続けないと、江南に我が家をもつことはできない。さらに、なんとか資金を作って銀行から融資を受け住宅を購入しても、そこから数十年にわたる返済が待っているのである。

韓国のビバリーヒルズ「江南」に立ち並ぶタワーマンション（ロイター＝共同）

「私は小学校まで江南に住んでいました。当時の江南は、今のようなタワーマンションが立ち並ぶしゃれた町ではなかったです。家の周りには田畑が広がる田舎でした。父は、江南の地価がこんなに上がるとは夢にも思っていなかったようで、私が小学6年の時、江南にあった一軒家を売り払って江北のマンションへ引っ越しました。そのまま江南に住んでいたら、今頃はマンションの一つも持っていたでしょうね。江南のマンション1軒が20億ウォンくらいになるというじゃないですか。兄と半分ずつ分けても10億ウォンです。それがあれば。いろいろ考えると、私って運が悪いですね」（パク・ソンジュンさん）

ソウル市で我が家をもっている人の割合は42・1

%に過ぎず、韓国全体でも日本の62・1%より低い56・8%だ。年齢別に見ると、50代が50・6%、40代34・7%、30代15・3%、20代7・5%となっている。

中年になっても、なかなか手に入らないソウルの住宅事情は、若者たちをあきらめの気持ちにさせている。韓国の未婚男女10人のうち4人は、「我が家をもちたいが、不可能そうだ」と考えているという調査結果もある。

一生かけてもマイホームをもてない人たちがいる反面、一方では複数の不動産を所有している富裕層もいる。彼らは、銀行から低利の融資を受け、投資の対象としてマンションを購入する。投資目的でマンションを買った人々は、買った価格より高くならなければ決して売ろうとはしない。結局、マンション価格は富裕層によって決められているわけだ。富裕層が集まっている江南地区には、数十戸のマンションを所有している人も少なくないという。韓国人が感じる最も深刻な「格差」は、ずばりこの住宅問題だろう。

マンションと江南

ソウルで最も住宅価格の高いエリア、江南区と瑞草区を中心とする江南地域の高級マンションの値段は、3・3平米あたり1億ウォンを超える。

庶民のための政府を標榜する文在寅《ムン・ジェイン》政権は、「江南＝投機勢力の総本山」と見なして、発足後、江南の富裕層を標的とした多様な不動産規制策を打ち出した。しかし、文政権の不動産対策は、江南地域に住宅価格の安定をもたらすことはできなかった。江南の高級マンションの持ち主が、マンションを売らずに値上がりを待つ戦略に出たためだ。これにより、江南地域の住宅売買数が激減し、住宅価格は逆に跳ね上がってしまった。そして、この価格上昇の流れは、江南以外の地域にまで波及した。

しかも、歯痒いことに、文政権の政府高官の多くが江南に高級マンションを保有しており、文政権の不動産対策の失敗で、恩恵をたっぷり受けた格好になる。

駐中国大使を務めている張夏成《チャン・ハソン》氏は、文在寅政権の経済ブレーンで、「所得主導成長」の父と呼ばれる人物だ。彼は、大統領府政策室長を務めていた時代、「私が江南に住んでいるから自信をもって言えるが、すべての国民が江南に住まなければならない理由はない」という暴言で論争を巻き起こした。そのうえ、江南にある彼の約１３０平米のマンションは、文政権の１年半の間に、４億８０００万ウォンも価格が上昇したことが明らかになり、韓国国民は苦い思いをした。

ほかにも、住宅問題を総括する主務省庁である国土交通部の高官７人のうち、４人が江南にマンションを所有しており、２人は複数の住宅をもっていた。

文政権は、不動産投機を防ぐという名目で、複数の住宅保有者に対する罰則を含む制限措置を発表する一方で、江南地区ほかに3軒の住宅を保有している人物を国土交通部長官候補に推薦するナンセンスも犯した。大統領府の元報道官は、銀行から16億ウォンの融資を受けて、再開発事業が確定している龍山《ヨンサン》区に25億ウォンのビルを購入したことが原因で辞職に追い込まれた。彼が銀行から融資を受けた金額は、文政権が定めた住宅価格の40％までという制限を超えており、融資過程での特別な配慮が疑われている。文在寅政府になっても、不動産が最高の投資先であることは変わっていない。

孤独死の危険

統計庁によると、2018年度の人口全体の結婚件数は25万7600件、人口1000人あたり5・0件で、ピークだった1980年の10・6件以降、毎年下がり続けている。一方、離婚率は2・1件で世界最高レベルだ。結婚率の減少と離婚率の増加は、中高年層の「一人世帯」を増加させている。特に一人暮らしの中年男性の場合、高齢者よりも孤独死の危険性が高いと指摘されている。

ソウル市の福祉財団が、2013年、ソウルで発生した孤独死2343件（孤独死の確実事例162件+孤独死と疑われる事例2181件）を対象に分析した結果、50代の孤独死が22・4％（524件）と最多だった。60代（368件）や70代（385件）より多く、孤独死した5人のうち1人以上が50代の中年ということになる。性別を見ると男性が圧倒的に多く、確実事例の84・6%を占めた。

高齢層より中年層のほうが、孤独死の危険性が高いことの背景には、韓国の社会構造の問題がある。退職年齢が低くて福祉制度がまだ整備されていない韓国では、一人暮らしの中年男性は早期退職と同時に「孤独死危険群」に転落する。特に「家長コンプレックス」(男性が家族を養うべきとする思い込み)が強い韓国男性は、退職で経済力を失うと同時に、自分の価値を見失い、社会から孤立する傾向にある。

非常勤講師のイ・バンフンさん(仮名・47歳)は、3階建て共同住宅の半地下部屋で暮らしている。日の当たらないイさんの部屋は、いつもカビの臭いがする。彼は3年前に経済難が原因で妻と離婚した後、ワンルームとオフィステル(オフィスとしても使用できるアパート)を転々としてきた。イさんは、2つの大学で講義を持っているほか、補習塾で論述を教えているが、ひと月の収入は300万ウォンくらい。妻に子供の養育費を送ることも結構な負担になる。半地下部屋からの脱出は夢にも考えられない。さらに大きな問題は、2019年から講師法が施行されることで、大学を首になる危機に直面していることだ。

講師法とは、大学の非常勤講師に安定した報酬を与え、社会保険を適用することなどを骨子としている。劣悪な勤務条件に置かれている非常勤講師が最低限の生活を維持できるように、という趣旨の法律だが、これによって発生する経済的負担を大学側に押し付けたせいで、法律施行を前に非常勤講師を大量解雇する大学が続出した。

「将来のことを考えると、目の前が真っ暗になります。ときどき、もう肉体的にも精神的にも限界だという気がします。集中力が落ちて、いつも疲れています。人と付き合うのも面倒だし、子供に会うことすら嫌になります。このまますべてをあきらめて、楽になりたいと思う時があります」

メンタルクリニック「グッドイメージ心理治療センター」のクァク・ソヒョン博士の診断によると、イさんの症状は「気分変調症」だった。うつ病の一種で、少なくとも2年以上憂鬱な気分が続き、食欲減少または増加、無力感、自尊心の低下などの症状が特徴的に現れる。

「中年男性は常に外で仕事をしながら出世や昇給を目的に生きてきましたが、離婚と退職などで家族と社会から孤立すると、女性よりはるかに耐えられなくなる傾向があります。中年女性は、夫のいないところで趣味や宗教などの活動、友人や子供たちとの交流などに励んできたので、離婚しても自分を失わない場合が多いです。しかし、中年男性は女性と違って、趣味や話の通じる友達が少なく、離婚して家族と離れると、完全に孤立してしまうことが多いです。また、女性は苦しくなれば、相談機関を訪ねて相談を受けますが、男性は自尊心から相談機関を訪れることを憚《はばか》る場合がほとんどです。そのまま、気分変調症のような軽いうつ病を放置し続けると、憤怒調節障害（怒りをコントロールできなくなる）や暴力、アルコール中毒などに発展します。こういった心の病が自分に向かうと自殺につながり、外へ向かうと通り魔事件のような暴力事件を起こすこともあります」（クァク・ソヒョン博士）

無限競争の韓国社会で、中年男性を見つめる視線は冷たい。長引く不況で就職難に苦しむ若者たちは、中年男性を高度経済成長の果実を独り占めした世代と批判する。伝統的な家父長制社会で差別されてきた女性たちは、中年男性こそ「男」であることを利用して自分たちを抑圧してきた既得権層と見なす。数十年寄り添ってきた妻は、退職した夫をお荷物扱いする。夫の退職と同時に「熟年離婚」を求める妻も増えている。

しかし、高度成長時代が幕を下ろし、低成長時代に入って競争至上主義が加速した韓国社会では、中年男性も彼、彼女らの考えているような既得権層ではない。むしろ中年男性のほとんどは誰かの子供であり、夫であり、親であるゆえに、1人3役が求められている。それだけ責任は重く、やるべきことも多い。韓国の中年男性たちは、すべての世代の中で、最も厳しい生活を強いられているのかもしれない。

第四章　いくつになっても引退できない老人たち

1　居場所をさがす高齢者たち

IT先進国で取り残された高齢者

ソウルに住んでいたイ・ヒウォンさん（72歳）は、妻と「卒婚」し、数年前から故郷の蔚山《ウルサン》広域市へ戻ってきた。卒婚とは、婚姻関係は維持したまま、それぞれ自立した生活を送る夫婦形態のことで、ソウルではマンション暮らしだったイさんは、蔚山では一戸建てを購入し、庭をつくる楽しさに夢中になっている。妻の顔色を窺わず、いつでも友達と思う存分お酒を飲める気楽さにも満足している。

蔚山に戻ってきて正解だったと思うイさんだが、一つだけ大きな不満がある。ソウルに上京する時、交通の便を確保するのが大変だということだ。

「普通は高速バスでソウルへ行きます。家がソウル駅の近くなので、できればKTX（韓国高速鉄道）を使いたいんだけど、KTXの切符は当日ではほとんど買えません」

イさんがKTXの前売りチケットを買うためには、駅まで直接行かなければならない。しかし、イさんの家は駅からバスで1時間以上かかり、しかも何度も乗り換える必要がある。だから、いつも、比較的当日券を買いやすい高速バスを利用しているのだそうだ。しかし、頼りにしている高速バスも、週末には席が取れない時があるという。

「若者たちは、高速バスのチケットも携帯電話で予約するそうです。私も息子に何度か携帯電話で予約する方法を教わったんですが、正直、難しすぎて試す気にもなりません」

高速インターネット回線の普及率やスマートフォンの普及率で、世界トップを誇るIT先進国の韓国では、生活全般でデジタル化や無人化が進んでいる。そのため、スマートフォンやパソコンなどの情報機器に慣れていないお年寄りは、「差別」と感じられるほどの大きな不便を強いられている。

特に、公共交通機関の予約のデジタル化は、高齢者層にとって最も馴染めないことの一つである。KORAIL（韓国鉄道公社）が公開した「2019年お正月電車チケット予約販売の割合」を見ると、オンラインが93％で、オフライン（駅での前売り）は7％しかなかった。KORAILは、オンライン／オフラインの前売り比率を事前に決めているわけではない。しかし、利用客が殺到する祝日や連休は、スマートフォンやパソコンを利用した予約方法を知らなかったり、手際が悪い高齢者は、チケットの購入がきわめて難しくなる。

イさんも名節《ミョンジョル》（韓国の節句）に駅まで前売りチケットを買いに出かけたが、切符を買えなかった経験がある。

「2〜3年前、秋夕《チュソク》にソウルに行こうと思い、駅までKTXの切符を買いに出かけました。

秋夕の1週間前の朝9時から前売りが始まるので、その日の朝6時ごろ家を出たんです。ところが駅に到着してみたら、すでに老人がたくさん並んでいるじゃないですか。私のような年寄りばかりが長く並んでいる姿は、あまりにも哀れだったです」

オンライン予約が普及している韓国では、乗客で混み合うシーズンになると、若者たちが指定席に座り、予約できなかったお年寄りたちが立席に乗るという光景があたりまえになりつつある。ソウルに住んでいるカン・ジョングさん（78歳）も、やはり情報機器に慣れていないため、生活に大きな不便を感じている。カンさんは、つい先日、孫を連れて動物園に行ったときの話を聞かせてくれた。

「共働きの娘に頼まれて、8歳の孫を連れて『子供大公園』に行ってきたんです。だけど、地下鉄に乗るのも大変だった。孫のために子供用のチケットを買わなければならなかったんですが、窓口にはもちろん、駅の中をいくら探しても職員が一人もいなかったんですよ。仕方なく、機械でチケットを買おうとしたけれど、これがまた難しくて。ずっと機械とにらめっこ。ちょうど通りかかった若者に頼んで、やっと買うことができたんです」

韓国では65歳を超えると、政府から「シニアパス」という地下鉄無料乗車券が発行されるため、カンさんは、この日、初めて地下鉄のチケットを買ったというが、それにしても駅職員が一人も見つからないとは。

地下鉄を降りてからも、カンさんの受難は続いた。

「孫がハンバーガーを食べたいというので、近所のマクドナルドに行ったんです。しかし、そこも人間ではなく、機械（セルフ注文端末）が注文を受けていた。しかも、その機械は、地下鉄の機械よりはるかに多くのことを選ばなければならない仕組みでした。またも、生まれて初めての経験で、まごまごしているうちに、後ろからは若い女の子の舌打ちが聞こえてくるし……。どうにかこうにか注文したんですが、出てきたのは全く違うメニューで、孫は『これじゃない』と不服そうな表情をするし。だけど、もう一度注文し直す気にはどうしてもなれなかったので、『出てきたものを食べなさい』と叱りつけてしまいました。孫を泣かせてしまいましたよ」

夏休みの孫を連れての楽しい外出が、悪夢になった瞬間だった、とカンさんは話す。

「私は電気技術者出身で、若い頃は中東でも働きました。その頃は怖いもの知らずで、中東でも休日になると外へ出かけて遊びまくっていました。それなのに、今は韓国に住みながら、家の外へ出るのが怖いです。注文をすべて機械が受けるから、私のような年寄りは自分が食べたいものものろくに頼めない時代になってしまいました。自分がだんだん馬鹿になっていくようで情けないですよ」

ＡＩ時代の到来とともに、韓国では「無人店舗」が急激に増加している。マクドナルド、

ＫＦＣ、ロッテリアの韓国3大ファストフード店は、２０１９年時点で、60％がセルフ注文端末を導入している。スターバックスなどのカフェも、カウンターまで行かなくても、席に座ったままスマートフォンで注文できる「スマートオーダー」サービスを実施している。韓国のスターバックスといえば、スマホアプリで注文ができる「サイレンオーダー」を、２０１４年に世界で初めて導入したことでも知られる。

セルフ注文端末やスマートフォンを使った注文は、企業からは人件費を削減できるという点で、インターネットに慣れている若者からは待たないで素早くサービスを受けられるという点で、大いに歓迎されている。しかし、カンさんのような、デジタルに弱いお年寄りにとっては、ますます住みにくい世の中になっている。

高齢化社会のデジタル格差

日本に負けない長寿国で、出生率が世界最下位の韓国は、世界で最も速いスピードで高齢化が進んでいる国だ。韓国統計庁の「２０１７年人口住宅総調査」によると、韓国の65歳以上の高齢者人口は全体の14・２％で、凄い勢いで「高齢社会」に突入している。

その高齢者の多くは、情報機器をうまく使えず、若年層との間の情報格差は社会問題にもなっている。韓国科学技術情報通信部が作成した「２０１７デジタル情報格差実態調査」

によると、韓国の55歳以上の長老年層のパソコン普及率は56・4％（国民平均82・6％）、スマートフォン普及率は65・7％（国民平均89・5％）だった。しかし、デジタルベースのサービスを利用するのに必要なスマホアプリの利用率は60代が34・2％、70代以上になると11・2％まで下がり、国民平均の71・1％に比べて著しく低い。インターネットへのアクセスと利用能力、活用度を総合評価したデジタル情報化水準は、韓国国民の平均値を100％とした場合、長老年層は58・3％に過ぎなかった。特に70歳以上は42・4％に留まった。

高齢層が若者に比べて最も苦労するデジタルサービスは、スマホアプリを利用した「モバイルバンキング」取引だ。

「いちばん大変なのが銀行です。どうしても頻繁に使う機会があるから。最近は1時間待たされるのが普通になりました。以前は家の近くに銀行が3〜4軒あったんですが、今は商店街に一つしかないので、いつ行っても混雑しています。人が多すぎるとたまに警備員が振り込みを手伝ってくれるんですが、機械で送金したら手数料が500ウォン（約45円）だったのでびっくりしました。窓口で頼むと1600ウォンなのに。銀行が私みたいな年寄りからぼったくっているようで悲しくなる」（カン・ジョングさん）

スマートフォンを使ったモバイルバンキングだと手数料は無料だと言ったら、カンさんは首を横に振った。

「いくら無料でも私には無理です。パスワードとかを入れるところも多いし、とにかく複雑すぎます。何より、目がよくないので見えにくい。画面が小さすぎて文字が読めません」

韓国銀行が発表した「２０１８年モバイル金融サービスの利用形態調査結果」を見ると、ここ３ヵ月以内にモバイルバンキングサービスを利用したという回答者は56・６％だった。年齢別に見ると、30代（87・２％）、20代（76・３％）、40代（76・２％）などは70％以上の高い利用率だった。しかし、60代は18・７％、70代以上は６・３％と利用率がガクンと下がる。高齢者層がモバイル金融サービスを利用しない理由としては、「聞いたことがない」（58・８％）、「説明が複雑」（20・０％）、「加入及び利用手続きが不便」（10・６％）の順だった。

キャッシュレス社会を迎え、最近急激に普及しているインターネット決済サービス「ペイ」の使用率も年齢によるバラつきが大きい。20代と30代がそれぞれ50％を超えたのに対し、60代は４・１％、70代以上は１・７％にとどまった。60代の39・５％、70代の71・０％は「聞いたことがない」と答え、年齢による情報格差が深刻なことも分かった。

世界的なフィンテック（ファイナンス・テクノロジー）の波の中、韓国の銀行もインターネットやモバイルバンキングなどの非対面取引を拡大して、支店の閉鎖と人員の削減を進めている。国民銀行など韓国の４大メガバンクは、２０１５年から毎年１００ずつ店舗を減らすことを目標にしており、２０２０年９月からは紙の通帳の発給が有料化されることが決まった。

金融サービスがオフラインからオンラインへ急速に変化する中、インターネットが苦手なお年寄りはサービスの死角に置かれてしまった。今や銀行の手数料には「年寄り手数料」というニックネームが付けられている。

老人たちの天国「タプコル公園」

ソウル市の中心部・鍾路《チョンノ》にあるソウルタプコル公園（旧パゴダ公園）は、1890年代に造成された韓国初の都市公園で、当時の市民の憩いの場として愛された。その後、日本や米国など大国が大韓帝国（韓国）の支配権を争うようになると、彼らをもてなす王室の宴会場として使用された。日帝の植民地だった1919年には、日本の植民地統治に対する抗日運動（3・1運動）の中心地にもなった。韓国の近代史に非常に大きな存在感を放っており、公園全体が史跡で、施設のあちこちが国宝や宝物に指定されている。

しかし、今や、タプコル公園は、行く場所のない高齢者たちが集まる老人公園として認識されている。ここに来た老人たちは、将棋を指したり、数人で政治や社会などについて話すこともあるが、ベンチに座って孤独に過ごす人がほとんどだ。

ここに老人が集まる理由は、アクセスが良いからだ。韓国政府は1984年から都市鉄道（地下鉄）の無賃乗車制度を施行し、65歳以上の高齢者は無料で地下鉄を利用できるようになった。特にタプコル公園は、地下鉄1・3・5号線の駅が近くにあって、首都圏のどこからでも行きやすい。5号線の「君子駅《クンジャ》」から、ほぼ毎日ここに来ているイ・チャンソクさん（81歳）は、「（地下鉄）無賃乗車が可能なので、お金が無くてもここへきて、近くの市場まで散歩している。私のように運動を兼ねてここに来て、友人と会ったり、市場を見物したりする年寄りが多い」と話す。

ソウル市の2018年の統計によると、65歳以上の高齢者の無賃乗車件数は一日に83万件。このうち最も多く乗り降りされる駅が、タプコル公園最寄りの鍾路3街駅だった。

タプコル公園の周辺には、老人が好む施設が多い。楽器専門商店街、電子専門商店街、フリーマーケットなど、各種の市場が集まっているだけでなく、安価な食堂、老人用品専門店、健康用品店、無料給食所、コーラテック（コーラを飲みながら踊れるダンスクラブ）、理髪店などが軒を連ねる。

その中でも、もっとも目に付くのが理髪店である。10軒余りが営業しているが、カットが4000ウォン、カラー5000ウォンで、一般の理髪店の10分の1以下である。路上では、老人に必要な品物が、まとめて1000ウォン、2000ウォンで売られている。使い捨てのかみそりが10個で1000ウォン、乾電池が10個で2000ウォン。ほかにも

２００ウォンでコーヒーが飲める自販機を設置している店があったり、２００ウォンで食事ができる食堂もある。食堂では、お酒もおちょこやコップ単位で売っている。マッコリ１杯が５００ウォン、焼酎１杯が１０００ウォン……。

食事代２０００ウォンも持ってない高齢者のための、無料給食所も何ヵ所か運営されている。付近で最も長く運営されている「社会福祉元閣」は、約27年間、一週間に3日、年寄りのための無料給食を実施している。もう5年間もボランティアをしているという50代の主婦は、無料給食所を訪れる老人たちについて、次のように話してくれた。

「一日3回に分けて昼食を提供します。お年寄りが外であまり長く待たないように、事前に整理券を配るんですが、それでも食事の1～2時間前から、長い列ができます。最近は景気が良くないせいか、ここを利用するお年寄りが倍以上に増えました。一日に２００人以上の方がここで食事をします。一人暮らしの老人や基礎生活受給者（生活保護の受給者）だけが来るわけではありません。家族と暮らしていても、家の中が居心地悪くて無料給食所を訪れる方も多いです。ここの常連で、息子と息子の嫁と一緒に暮らしているおじいさんがいます。おじいさんは京畿道坡州《パジュ》から2時間も電車に乗ってここへやって来ます。共働きの息子夫婦の機嫌をうかがって、朝起きるとすぐ朝ご飯も食べずにここに出てくるそうです。ここで昼ご飯を食べて半日公園でぶらぶらして、近くの食堂で夕飯を食べてから帰宅します。ここに来る方のほとんどは、行き場を無くした方たちなんです」

ユーチューブと太極旗

少なくとも一週間に3日、タプコル公園を訪れる前出のイさんが、ここに来る最も大きな理由は「友達に会うため」だ。友達と集まって話をしていると、時間が経つのも忘れるという。

「家にいると一言も喋らない日が多い。ここに来れば話し相手が多いから楽しいよ。将棋を指したり、お互いの家族の話をしたり、政治の話をしたりして、そうするうちに気が合えばお酒でも一杯飲んで……」

イさんはタプコル公園に地下鉄で40分弱かけて来る。地下鉄の中では、新聞を読む代わりに、スマートフォンでユーチューブを視聴するという。

「最近、新聞はまったく読まなくなった。代わりにユーチューブを見ているよ。ユーチューブを見てないと、ここに来ても友達と話ができない」

ユーチューブは、韓国のシニア層から最も愛されているSNSだ。スマートフォン・アプリケーション分析会社である「ワイズマップ」の調査によると、韓国人が最も長時間利用するアプリはユーチューブだった。その中でも、韓国の50代以上は1ヵ月に20時間6分もユーチューブを視聴する。

シニア層はユーチューブのヘビーユーザーにとどまらず、自らコンテンツを製作するユーチューバーにもなっている。72歳のパク・マクレさんは、ユーチューブのスーザン・ウォシッキーCEOが、彼女に会うために訪韓するほど、世界的に有名なユーチューバーだ。彼女は孫娘とともに、自分のささやかな日常をユーモアたっぷりに紹介するユーチューブチャンネルを開設。現在90万人のフォロワーを持っているが、同年代だけでなく、若い層からも大きな人気を集めている。

ジ・ビョンスさん（77歳）は、女性アイドル歌手のセクシーダンスの物まねで、一躍スターとなった。祭りやイベントにも引っ張りだこで、広告のモデルも務めた。ジさんは自分が基礎生活受給者でありながら、収入の全部を老人施設などに寄付している。彼女たちのように、ユーチューブをはじめとするインターネット上で、若者に伍して活躍している老年層を指す「アクティブ・シルバー」あるいは「シルバー・サーファー」という言葉も登場した。

ところで、このシルバー層が最も見ているユーチューブコンテンツは、断トツでニュースである。特に、保守的なニュースコンテンツが、高齢者層に愛されていて、今まさに全盛期を迎えている。イさんも、ユーチューブでニュースを見ている一人だ。

「私はテレビも見てないし、新聞も読まない。文在寅《ムン・ジェイン》大統領になってから、フェイクニュースばかりじゃないか。私はKBS（韓国公営放送）の受信料拒否運動もしている。国民を欺くような番組を作って、どこが公営放送なんだ。国民の金（受信料）でアカ（左派芸能人）に数十億ウォンもの出演料を払ってるじゃないか。私は『チョン・ギュジェTV』や『神の一手』しか見ない！」

「チョン・ギュジェTV」「神の一手」とは、ユーチューブの、有名な保守系ニュースチャンネルのことだ。

文在寅政権発足後の韓国では、保守的な政治スタンスを持っている高齢者の間で、政府に好意的な地上波テレビや新聞に対する強い拒否感が広がっている。そして、既存のメディアを信用しなくなった高齢者たちは、自分たちの意見を代弁してくれるコンテンツを求めてユーチューブに移りつつあるのだ。

高齢者の反乱は、インターネットに限らない。毎週土曜日の午後、鍾路からほど近いソウル市庁前と光化門《クアンファムン》などでは、朴槿恵《パク・クネ》前大統領の釈放を訴える集会が、弾劾以後、もう2年半も続いている。太極旗（韓国の国旗）を各自手にして参加するため、「太極旗部隊」と呼ばれる。少ない時で数百人、多い時は数千人が集結し、「文在寅退陣、朴槿恵釈放」を叫んで道路を行進するため、一帯は土曜日になると激しい交通渋滞に悩まされる。しかし、テレビなどのメジャーメディアが、彼らのデモを報道することはほとんどない。
「民主労総（全国民主労働組合総連盟）の集会や反米団体の集会は、十数人集まっただけでも大々的に報道されるのに、私たちの集会はどこもニュースにしてくれない。これがまさに『左偏向』だよ。だけど、『神の一手』は毎週生放送してくれる。ユーチューブがあって本当に良かったよ」（イ・チャンソクさん）
傍で話を聞いていたおじいさんたちも、一言ずつ話に加わる。「みんな、この国が誰のおかげでここまで発展したのか覚えちゃいない。朝鮮戦争の時、この国を守るため、私は死ぬ覚悟で北朝鮮と戦った」「僕らの世代は長くてあと10～20年だ。心配なのは孫たちの世代だよ。この国をアカから守らなければいけない」「金正恩《キム・ジョンウン》に委員長様、委員長様と媚びを売る様子が醜い。国が滅びる前に、国民がしっかりしなければならない」「自国の経済がめちゃくちゃなのに、北朝鮮問題にばかり夢中な人間の、どこが韓国の大統領なのか。北朝鮮の大統領だ」
韓国メディアや国民の多くは、70～80代の老人たちが中心の太極旗部隊を「極右」に分類し、彼らが毎週行っている集会も極めて否定的に見ている。しかし、彼らの行動も悪い面ばかりではないとする意見もある。女性問題と老人問題をライフワークにしている作家のチェ・ヒョンスク氏は、著書『爺の誕生』の中で、「太極旗デモには、老人たちの異議申し立てという側面がある」と評価する。朴槿恵前大統領を守れ、というのは名分にすぎない。むしろ、この社会で発言権を与えられていない高齢者たちが、自分たちの存在を示す場所として太極旗デモを利用している、そう考えるべきだというのだ。太極旗デモは、韓国社会で透明人間扱いを受けている高齢者たちが、思う存分うっぷんを晴らすことのできる「解放区」なのかもしれない。

2 「敬老社会」から「嫌老社会」へ

仕事にしがみつく高齢者たち

ソウル市祭基洞《チエギドン》にある「京東ミジュアパート」。3棟の建物に228世帯が住むこのマンションは、最近建て直しが決まり、地価が急上昇している。73歳のキム・ジェギュさんは、このマンションの入り口にある小さな箱のような警備室で一日12時間を過ごす。

「勤務は24時間制です。1日働いて1日休んで。朝5時半から翌日の5時半までですが、今は週52時間勤務制が導入されたため、夜11時になったら地下にある宿舎へ行って寝なければなりません。昼も休み時間をたくさんくれるんですが、行く所もないからここで過ごしています。地下の宿舎は不潔で行く気がしないです。ゴキブリも多いし……」

腕のいい裁断師として鳴らしたキムさんは、ミシン技術者の妻と子供服の工場を経営していた。しかし、IMF危機の影響で、取り引きしていた会社が連鎖倒産に遭い、キムさんの工場も約束手形を現金化できなくなり倒産してしまった。当時、50代前半だったキムさんは、なかなか再就職先が見つからず、派遣会社から紹介された警備員の仕事を始めるようになった。

「最初の職場はハンギョレ新聞社でしたが、人員削減のため6ヵ月で切られました。その後は、主にマンション警備です。18年間、規模の大きなマンションにいたんですが、70歳が定年なので、それを超えると大規模マンションの仕事は来なくなりました。ここは2017年から仕事をしています」

キムさんが、ここで働いて得る給料は月に160万ウォン。工場を経営していた時の国民年金と合わせると、ひと月の収入は200万ウォンになる。

「妻は仕事がないから、私が稼ぐ200万ウォンが2人の生活費です。孫たちが遊びに来れば小遣いもあげたいし、子供たちに迷惑をかけたくないので、これからもずっと働きたいです。できれば死ぬ直前まで働きたいです」

しかし、今勤務しているマンションは2020年の後半から建て直しが計画されており、キムさんがここで働ける期間は1年くらいしか残っていない。

「建て直しは決まりましたが、本当に工事が開始されるまでは2〜3年あると思うんです。でも、いざその時が来たら、また新しい仕事場を探さなければいけないでしょうね。金も必要だけど、やはり仕事をしないで家にずっといるのは嫌ですからね。認知症予防のためにも、仕事してたほうがいいと言うじゃないですか」

パク・ミンチャンさん（71歳）も、IMF危機で職を失った一人だ。50歳の時に勤めていた大手企業を解雇されたパクさんは、それ以後、20年もタクシー運転手をしてきたベテランドライバーだ。7年前にタクシー会社を辞め、営業権を買い取って個人タクシーの運転手をしている。

しかし、パクさんは、最近、「タダ」（Uberのような、スマホアプリで車を呼べる乗車共有サービス）という正体不明のライバルのせいで、生きた心地がしない。

「そうでなくてもこの頃は、一日に12時間働いてもひと月に200万ウォン稼ぐのが精一杯なのに、レンタカーにまでタクシー営業を許可して、私たちにどうしろというんですか。レンタカーでのタクシー営業は明らかに違法なのに、それを許可した政府の意図が分かりません」

「タダ」とは、韓国の第1世代ポータルサイト「Daum」の創業者である李在雄《イ・ジェウン》氏が作った乗車共有サービスだ。レンタカー業者と提携し、サービスが必要な乗客にドライバー付きの車を提供している。2018年10月、文在寅政権が韓国版Uberである「タダ」に事業権を認めて以来、タクシー組合は「生存権を脅かす」と猛反発している。韓国の関連法では、11人乗り以上のレンタル車両に限って営業は許可される。タクシー運転手たちは、「タダは不法であり変則営業」と主張。「タダ」が始まって半年余りの間に、4人のタクシー運転手が抗議の焼身自殺をするなど、過激なデモが続いている。

「個人タクシーは高齢者が最も多い仕事です。今回焼身自殺した人たちは、全員私と同じ70代の運転手でした。運転手が年寄りだと若い客から嫌がられるので、最近は稼ぎもよくありません。そろそろ潮時かなと思いつつ、それでも、辞めてしまったら何をやって食っていけばいいか。私は個人タクシーの営業権を8000万ウォンで買ったけど、今だと売ってもせいぜい5000万〜6000万ウォンくらいにしかなりません。それでは、あと10年も20年も食っていけませんよ。もう完全に追い詰められた感じです」

韓国交通安全公団の資料によると、パクさんのような65歳以上の個人タクシー運転手は全国で5万9000人余りで、全体の37％を占める。80歳以上の運転手も631人いる。最近、韓国でも高齢運転者による事故が多発しているため、バス運転手に限って施行されている「65歳以上の高齢運転者を対象とする資格維持検査」を個人タクシーの運転手にまで拡大しようとする動きがあるが、業界の反発でなかなか実施されていない。

２０１９年７月、国土交通部が、「タダ」を運営するモビリティー会社にタクシー営業権の購入や寄付金の納入を求める折衷案を提案し、いったんデモは鎮静化した。だが、タダ側は負担が大きすぎると反発、事態はまだ解決の兆しが見えないでいる。

平均引退年齢73歳――世界で一番長く働く韓国老人

韓国の高齢者は、世界で一番長く働いている。ＯＥＣＤの最新の資料によると、韓国人が労働市場から完全に離れる「引退年齢」は、２０１７年時点で男性が72・９歳、女性が73・１歳。これは、ＯＥＣＤに加盟している36ヵ国のうち最も遅い。ＯＥＣＤの平均が男性65・３歳、女性63・６歳だから、その凄さがよく分かる。

韓国人が会社を退職する平均年齢は50代前半だから、平均的な韓国人は退職後20年も、劣悪な環境の中でいつ首になるか分からない非正規職として働いていることになる。

韓国の高齢者に人気の仕事に「地下鉄宅配」がある。「シニアパス」を持つ65歳以上のお年寄りが、地下鉄を使って荷物の宅配をする仕事だ。主に、ショッピングモールやデパートからの衣類や、会社の書類などを扱っている。韓国で地下鉄に乗ると、両手両肩に大きなショッピングバッグを十数個も抱えたお年寄りをよく見かける。彼らは月に50万ウォン余りの宅配料をもらうが、そこから紹介業者に斡旋料を払うと、残るお金はだいたい30万

〜40万ウォン前後だという。

しかし、地下鉄宅配の仕事をこなすためには、一日中地下鉄であちこち回れる体力がなければならない。また、ショッピングモールやデパート売り場の横文字ブランド名を、素早く読めるくらいの聡明さも必要だ。健康に自信がなくて、アルファベットもろくに読めないお年寄りには無理な仕事である。

ソウル市の西南端にある麻谷《マゴク》地区。ここは金浦《キンポ》国際空港の近くにあるため、高度制限などの理由でソウルで最も遅くまで開発されなかった地域だ。数年前まで田畑だったこの地域は、2001年に国際空港が仁川《インチョン》に移ったことを契機に、大規模な開発計画が進められている。2018年からは最高レベルの大学病院や大企業の先端研究施設の建設が始まり、植物園や公園、ショッピングセンターなども造成されることになった。現在はすでに高級マンションが立ち並ぶ新天地に変わりつつある。

「永東古物屋《ヨンドン・コムルサン》」はこの麻谷地区の一角にある。「古物屋《コムルサン》」とは、リサイクル用のゴミを集めてリサイクル業者に販売する商売だ。約330平米の永東古物屋の庭には、銅やアルミニウム、鉄などの古物とともに、リサイクル用の段ボールやペットボトルなどが散らばっている。

夕方6時頃、山のように段ボールを積んだリヤカーが、それを引っぱる老夫婦と共に、永東古物屋の中に入ってきた。おじいさんが前から引っ張り、おばあさんは後ろから押している。おじいさんは身長170センチあるかないかの痩せた体つき。引いてきたリヤカーに積まれた段ボールの山は、軽く2メートルを超えているように見えた。リヤカーの両側には、ペットボトルを詰めたビニール袋が付いている。老夫婦のリヤカーが入ると、入り口についているセンサーが発動したようで、けたたましいベルが鳴った。すぐに奥から若い職員が出てきて、段ボールを降ろす作業を手伝った。きれいに折って積み上げられた段ボールの下から、アルミニウムの板や新聞紙なども出てきた。ビニール袋からは、ぺちゃんこに潰したペットボトルが100個以上地面にこぼれた。

若い社員は降ろされたゴミを秤《はかり》で順番に量っていく。「段ボールが93キロ、白紙が6キロ、新聞紙15キロ……」

管理室から20代に見える社長が出てきて、老夫婦にゴミ代を支払った。一日中リヤカーを引いて、ゴミを集めてきた老夫婦が手にした金額は2万2000ウォン。おばあさんは「運良くアルミニウム板を拾ったおかげで、いつもの2倍以上もらえた」と、嬉しそうに笑った。

おじいさんは85歳、おばあさんは82歳。古物屋から歩いて30分ほどの距離に住んでいる老夫婦は、毎日2回、ここへゴミを持ってきて生活費を稼いでいる。永東古物屋には、一日に20人程度のお年寄りが定期的に出入りするという。

「朝6時30分から夕方の6時30分まで営業しています。朝、出勤すると、すでに何人かのお年寄りが、ゴミの山を積んだリヤカーを引いて待っています。前日の夜に集めておいたゴミを朝一で売って、再び空っぽになったリヤカーを引いて街に出て行くためです。ここに来るお年寄りはだいたい一日2回来て、ゴミを降ろしていきます。それでも稼げる金は、ひと月に20万ウォン程度にしかなりません」（永東古物屋の社長）

段ボールや古紙など、集めたリサイクルゴミをリヤカーで運ぶ（ロイター＝共同）

それもそのはず、リサイクルゴミの価格は驚くほど安い。段ボールは1キロ60ウォン、新聞紙は1キロ80ウォン、コピー用の白紙が最も高くて1キロ160ウォン、ペットボトルは1キロ80ウォン。2018年から、リサイクルゴミの最大の輸入国である中国がゴミ輸入を禁じ、価格が急落している。

「今年の初めまで、私たちがリサイクル業者に納入する時の単価は、段ボール1キロあたり100ウォンだったのですが、今は85ウォンです。だから、私どもが差し上げられる金額もどんどん安くなります。お年寄りが一度に持ってこられるゴミの量はせいぜい50～60キロ程度、一日に2回持ってきても1万ウォンも稼げないのが現状です。それに、使っているリヤカーも50キロから70キロもするものです。福祉団体が軽いリヤカーを作って送ってくれるのですが、『たくさん載せられるから』といって、昔ながらの重たいリヤカーを使いたがります。腰の曲がったおばあさんたちが、見るからに重そうなリヤカーを引いて入って来られるのを見ると、気の毒になります」

OECDで最も高い老人貧困率46％

78歳のイム・ヨンシムさんは、50歳の息子、高校3年生、2年生の孫娘たちと一緒に暮らしている。夫は大腸がんの手術を受け、故郷で療養中だ。忠清南道《チュンチョンナムド》が故郷のイムさん夫婦がソウルに上京してきたのは13年前。嫁が家を出た後、幼い娘たちを一人で育てなければならなくなった息子を助けるためだ。イムさんの夫は上京してすぐに、近くの市場で野菜の路上販売を始めた。けれども、路上販売は違法のため、売るより警察に押収されるほうが多かったのであきらめた。そして、10年前からリサイクル用のゴミ拾いを始めた。孫娘たちがある程度大きくなってからは、イムさんも夫の仕事を手伝った。2年前、夫が大腸がんになってからは、イムさん一人でゴミ拾いに出ている。

「朝8時ごろ家を出て、夜12時くらいまで町でゴミを拾います。1週間に6日働き、古物屋が休む日曜日は私も休みです。日曜日には家でしっかり睡眠をとり、洗濯や掃除などの家事をします。孫娘たちがいい子で家事を手伝ってくれるから、そんなに大変ではないですよ」

イムさんの息子は営業職で、ほとんど地方を回っている。月に2～3回ソウルに戻って来るが、そのたびに数十万ウォンずつ置いていく。

「息子からもらったお金は、子供の授業料を払ったり、家賃を払ったりでほとんど生活費で使い切ってしまいます。私の収入は、国からの老人年金とゴミを拾ったお金で、合わせて50万ウォンくらい。そこから夫に病院の費用を送り、残った分が私の小遣いで、たばこ代などに使います」

イムさんの主な活動エリアは、古物屋の近くにあるマンション団地周辺の商店街。ここは先日から入居が始まり、段ボールはもちろん、鉄板など値段の高いゴミがたくさん出るそうだ。

「店の前に置いてあるゴミをもらうときは、むやみに持っていっては駄目です。必ずお店の許可をもらわなければなりません」

ゴミを拾うお年寄りにも、それぞれ常連の店があるらしい。店の人も常連のお年寄りのために、段ボールなどを集めているので、他の人が勝手に持っていかないよう注意しているのだそうだ。空っぽのリヤカーを引いて道路の脇を歩いていたイムさんが、マンションの入り口にあるコンビニに入り、段ボールを大量にもらってきた。イムさんは段ボールを手に持って、バイトに何度も頭を下げている。しかし、バイトはイムさんには目もくれず、スマートフォンに集中している。

「中にお客さんがいる時は入っちゃいけないけど、ちょうどお客さんがいなくて良かった。今日は最初からついてるみたい」

こんなふうに、夜遅くまで商店街を歩き回った後、道路の端を、ゴミでいっぱいになったリヤカーを引きながら家へ帰る。道路を歩くゴミ拾い老人たちはよく交通事故に遭うため、韓国の交番では、ゴミ拾い老人を対象に交通教育を行い、夜光ベストとリヤカーに取り付ける夜光ステッカーを配布している。家に帰ってもイムさんの仕事はまだ終わらない。家の前でゴミを種類ごとに分けて、きれいにたたんでリヤカーの上に載せ、布で覆って紐で縛っておく。そして、その上に、「持っていくな。CCTV（監視カメラ）が見ている」という警告を書いた段ボールの切れ端を載せる。

「私は字が読めないから孫娘が書いてくれた。そうしなければ、夜中に誰かが私のゴミを盗んでいく」とイムさんは言う。

整理がひと段落したら、今度はほうきで周りを掃除する。

「家の前にゴミを置いておくと、路地が汚くなると文句を言われる。それに、タバコの吸殻から火がついたらどうしようと、それが怖くて、いつも周辺をきれいに片付けておくんです。でもお隣さんたちには、いつも申し訳ないと思ってます」

ゴミを拾う高齢者たちは、韓国の大きな社会問題だ。韓国老人人力開発院の2019年の報告書によると、韓国のゴミ収集老人は6万6000人と推定されている。ソウル市は2017年に、ソウルに居住する65歳以上のゴミ収集老人2417人を対象に、彼らの生活実態調査を行った。それによると、ゴミ収集老人の平均年齢は74・5歳で、男性（33％）より女性（67％）のほうが2倍以上多かった。

1988年に初めて国民年金制度が本格的に導入された韓国の場合、国民年金を受け取っているのは老人全体の42％だけだ。しかも、受給者の78％は50万ウォン以下しかもらっていない。また、老人2人のうち一人は、韓国政府が所得下位70％の老人を対象に配る「基礎年金」（最大30万ウォン）を含めても、ひと月の生活費が100万ウォンに満たない貧困層だ。

「朝鮮日報」は、韓国の高齢者夫婦の適正生活費を243万ウォン（国民年金研究院の調査）と想定し、日本の金融庁の「高齢社会における資産形成・管理」報告書の計算法に沿って、韓国の高齢者夫婦に必要な老後資金を計算してみた。その結果、韓国の高齢者夫婦は、老後生活資金として3億3000万ウォン（約3000万円）足りないという数字が出たと報道した。前出の金融庁の報告書で、日本国民に衝撃を与えた「老後の資金として夫婦で2000万円不足」よりもはるかに大きい金額だが、これは受け取る年金額の差によるものだ。日本の高齢者夫婦の場合、国民年金と厚生年金を合わせて約19万1880円受け取るが、韓国の高齢者夫婦は約85万ウォン（約7万7000円）にすぎない。このように公的年金制度が成熟していない韓国では、2015年時点で、老人の貧困率が45・7％と、OECD平均の12・6％より3・6倍も高くなっている。

高齢者の自殺率も、OECD加盟36ヵ国のうち、韓国が断トツだ。統計によると、韓国の65歳以上の高齢者の自殺率は、10万人あたり54・8人に達する。

経済成長や社会の民主化、そして子供世代のために身を粉にして働いてきた韓国の老人たちは、今、世界で最も不幸な人生を生きているのかもしれない。彼、彼女らのための福祉政策は、少子化対策や若者たちの失業対策に比べると、あまりにも貧弱だ。社会の重荷とされた老人たちは、それでも生活のためにゴミを拾い、地下鉄で荷物を運び、街頭で奮闘を続けている。

世代葛藤が招く「嫌老社会」

韓国の高齢者を苦しめているのは、経済的な問題だけではない。韓国社会全体からの老人への否定的な視線が、高齢者を追い詰めている。

社会福祉のシステムがきちんと整わない状態で高齢化が進み、経済成長の鈍化に伴って若年層の負担が顕著に増大、これが老人に対する「嫌悪」として表れている。

２０１９年、ソウル都市鉄道公社は、無賃乗車制度により年間約７０００億ウォンの損失を被っていると発表、政府が損失を補塡してくれるよう要請した。また、「ソウル交通公社が無賃乗車の年齢を65歳から70歳に引き上げることを検討している」と伝えた記事に対しては、タダ乗りする高齢者をけなすコメントが殺到した。コメントは、高齢者を「老人虫」「年金虫」といった表現で侮辱し、「生産力のない高齢者たちが若者の負担を増加させている」と非難一色だった。

高齢者世代を否定的に見る青年が多いということは、統計資料でも証明されている。国家人権委員会の「老人人権総合報告書」によると、韓国青年層（19〜39歳）の80・９％が「韓国社会に老人に対する偏見があり、このため、老人の人権が侵害されている」と回答した。また、彼らは、「老人福祉の拡大で若年層の負担増加が懸念される」（77・１％）、「老人雇用の増加のせいで、青年雇用の減少が懸念される」（56・６％）などの意見が、老人に対する否定的認識の主な原因と見ている。

政界の有力者も、自分たちの政治的立場を守るために、老人に対して躊躇することがない。選挙のたびに飛び出す暴言は、老人たちの心を突き刺す。「50代になると死んでいく脳細胞のほうが新たにできる脳細胞より多く、人はどんどんボケていく。60代以上は、責任ある地位に立つべきではない」「60歳以上はすぐに舞台から退場する人だから投票しないほうがいい。自宅で休んでいなさい」「市庁駅のエスカレーター、エレベーターを廃止すれば、(高齢者たちは市庁に)来られなくなるだろう」

老人に対する虐待と暴力も増加している。保健福祉部の「2018年老人虐待現状報告書」によると、韓国全域の老人保護専門機関に寄せられた老人虐待の通報件数は1万5500件で、そのうち5200件は実際に虐待と判断された。保健福祉部の担当者は、「これは2014年に比べて1500件以上も増加しており、前年度に比べても12・2%上昇している」と危惧する。

専門家らは、韓国社会の「老人嫌悪」現象について、政府が近い将来「老人大国」となる韓国の未来像を、あまりにも否定的に見ていることが原因の一つではないかと分析する。「2057年には、国民年金が枯渇する」「2060年からは、1人の若者が数人の老人を扶養しなければならない」といった暗鬱な展望が、かつて東方礼儀之国と呼ばれ、老人を敬う「敬老社会」だった韓国を、「嫌老社会」に変えてしまったのだ。

２０００年に高齢化社会（65歳以上の人口の割合を示す高齢化率が７〜14％）入りした韓国は、17年後の２０１７年には高齢社会（高齢化率が14〜21％）に突入した。さらに、韓国統計庁の予測によると、２０２５年には人口の21％以上が65歳以上の超高齢社会へと進む。２０６０年には人口の40・１％が65歳以上になり、日本を超える世界一の老人大国になるだろうという衝撃的な予測もある。

一方、生産年齢人口は、２０１７年に人口の73・２％とピークに達した後、急激に減少、２０５６年には49・９％と50％未満にまで落ちると予測されている。２０６７年になると、生産年齢人口45・７％に対し、老人人口は46・５％と「逆転現象」が起こるという（統計庁「将来人口特別推計２０１７〜２０６７」）。

すでに老人大国の入り口に差し掛かった韓国社会。貧困老人や老人嫌悪を個人的な問題ではなく、社会構造の問題と認識し、政府レベルで積極的に対処していくべきという声がますます高まっている。

第五章　分断を深める韓国社会

文在寅《ムン・ジェイン》政権の誕生と韓国社会の大転換

２０１７年3月10日、朴槿恵《パク・クネ》大統領に対する弾劾訴追案が、憲法裁判所で8対0という圧倒的多数で可決された。これによって、２０１６年10月末以降、いわゆる「崔順実《チェ・スンシル》ゲート事件」のため仮死状態に陥っていた朴槿恵政権は、完全に息を引き取った。5年任期の韓国大統領が、弾劾手続きによって途中交代させられた初のケースとなった。

朴槿恵大統領を追い落とす原動力となったのは、国民の「ろうそくデモ」だった。崔順実事件が最初に報道されて以来、10月29日に2万人規模で始まった市民たちのろうそく集会は、６週目には２３２万人が集まり、２０１７年3月11日の第20回集会までの累積参加人数は、１６００万人に上った。

朴大統領の弾劾が成立したことで、大統領選挙は２０１７年12月から同年5月9日に繰り上げられ、２０１２年の大統領選で朴槿恵候補と対決して敗れた文在寅候補が、第19代大統領に当選した。これにより、韓国社会は大きな転換点を迎えることになる。

文在寅大統領は、朴槿恵前大統領とは、まさに「対極の人」である。出生からして、朴前大統領が、大統領の娘という「金のスプーン」であるのに対して、文在寅大統領は、朝鮮戦争で北朝鮮から避難してきた「失郷民」と呼ばれる貧困家庭の出身だ。

文在寅氏は、朝鮮戦争が休戦する半年前の１９５３年１月、韓国慶尚南道巨済《キョンサンナムド・コジェ》で生まれた。父親の文ヨンヒョン氏は、北朝鮮の咸鏡南道興南《ハムギョンナムド・フンナム》市の出身で、朝鮮戦争当時、無一文で南下し、慶尚南道巨済の捕虜収容所で労働者生活を送った。その後、文氏が生まれ、釜山《プサン》に移住した一家は、母親が市場で露天商をして生計を立てた。

文氏は、学業成績優秀で、慶熙《キョンヒ》大学法学部に首席で入学したが、貧しい家庭事情のため、奨学金を受けながら大学に通った。学生時代には、学生会長に代わって集会を主導するなど、学生運動の前面に立った。そのため、国家保安法違反容疑で捕まり、４ヵ月間の刑務所生活を余儀なくされる。

刑務所から出所すると、大学からは除籍されており、強制的に軍隊に入隊。除隊後に、かろうじて大学に復学した。復学してからも学生運動に熱中し、再び刑務所入り。服役中に司法試験に挑戦して合格したが、前科があるため、裁判官や検事としては採用されなかった。

１９８２年、釜山で人権派弁護士として名を馳せていた盧武鉉《ノ・ムヒョン》氏（後の大統領）と出会い、「生涯の兄貴分」として慕うようになる。２人は共同で弁護士事務所を開業し、釜山を代表する在野の人権弁護士として活躍した。

２００２年、盧武鉉氏に大統領選挙に挑戦するチャンスが巡ってくると、文在寅氏も盧武鉉候補の選挙陣営に参加。盧武鉉政権誕生後は、大統領秘書室の民政首席に就任した。2009年5月に盧前大統領が自殺した後、「盧武鉉政治を継承する」として、本格的に政界に飛び込む。

2012年4月、第19回総選挙に釜山の選挙区から出馬し、国会議員に当選。続いて同年12月に行われた第18代大統領選挙に、野党統一候補として出馬したが、朴槿恵候補に約100万票差で敗れた。以後、「共に民主党」の最大派閥である「親盧グループ」のリーダーとして活動する。

朴槿恵大統領の弾劾成立によって行われた大統領選挙では、「ろうそくデモ」を主導した市民団体と労働団体が文在寅候補を支持。保守系の候補が2人立って保守票が割れたこともあり、文在寅候補が41・1%の得票を得て、大統領に当選した。

所得主導政策の失敗

文在寅政権は、韓国経済の低成長と社会の二極化の問題を同時に解決するため、経済パラダイムの転換を図った。つまり、金大中《キム・デジュン》政権以来の新自由主義から脱却し、積極財政による「大きな政府」を作ることで、分配と成長を並行して実現しようとしたのである。

具体的には、「所得主導成長」「革新成長」「公正経済」という3つの方向性を示した。

まず「所得主導成長」とは、低所得者層の所得が増えれば、消費につながり、これが企業の生産、投資、雇用拡大をもたらし、ひいては経済全体が成長する好循環が生まれるという理論だ。

この所得主導成長は、李明博《イ・ミョンバク》政権が行った「落水効果」とは正反対の考え方で、「噴水効果」とも言われている。「落水効果」とは、大手企業や富裕層の所得が増大すれば、より多くの投資が行われて景気浮揚につながり、経済全体が活性化する。その恩恵が、水が上から下に落ちるように、低所得者層にも流れて、雇用と所得が増え、二極化も解消されるという経済理論だ。日本のアベノミクスも、この考え方に近い。

それに対して、文在寅大統領が目指したのは、噴水を吹き上げるように、まず低所得者層の所得を押し上げることによって、景気を活性化させようということだった。

具体的な方法としては、まず、公共部門で非正規労働者ゼロを目指した。民間の非正規社員に関しても、縮小させる政策を取り、非正規職を正規職に転換させることで、非正規雇用者の割合を現在の20・6％からOECD平均の11％台まで引き下げようとしている。また、政権の任期である5年以内に公務員を17万人増員、公共機関で81万人雇用を増やすなど、若者の雇用創出に政府が先頭に立っていく姿勢を見せた。さらに、最低賃金を時給1万ウォンに引き上げ、労働時間を週52時間に制限するなどの労働環境改善策も推進している。

その一方で、消費が促進されるよう、家計の負担を下げる政策も推進している。国民の暮らしを「ゆりかごから墓場まで」国が責任をもつという「包容国家」のスローガンの下、児童手当の導入、高校教育の無償化、基礎年金（65歳以上の高齢者の下位70％に提供される老人年金）の引き上げ、医療保険の拡大などの政策を立てた。これらを実現するため、政府予算を毎年7％ずつ増額する「大きな政府」を志向し、雇用と福祉に財源を最優先で投入しようとしている。政権初年度の2017年に400兆5000億ウォン（約36兆4000億円）だった予算規模は、2022年には561兆ウォン（約51兆円）にまで拡大される見通しだ。

2つ目の「革新成長」とは、規制改革を通じて、モノがインターネット化する第4次産業革命を企業が円滑に推進できるよう手助けし、経済成長を牽引するという政策だ。すなわち、所得主導成長が国民の所得を増やして経済成長を主導するという「需要側」に焦点を合わせた政策なのに対し、革新成長は企業の革新を触発して雇用を増やし、経済発展を図るという「供給側」の政策だ。

3つ目の「公正経済」は、大企業と中小企業の間の不公平な取引環境の改善と、財閥の経済力濫用防止に狙いを定めて、公平な競争を保障し、成長の結果を公正に分配するというのが目的だ。具体的には、財閥グループ内の支配構造を改善し、オーナー一族の支配力と不当な経営権の継承を阻止すること、財閥のグループ会社間の不当な取引や支援を止めさせ、国民年金を介して財閥の企業経営に積極的に介入するなどの政策を掲げた。

文在寅政権は、これらの経済政策を通じて、「機会は平等、過程は公正、結果は正義」という新しい韓国社会の未来像を提示し、成長と分配の「二兎」を掴むと公約したのだった。

＊

しかし、政権発足から2年が経った時点で、早々と、文在寅政権の未熟な経済政策が、むしろ韓国経済を悪化させたという批判に直面している。何より、２０２０年までに最低賃金を1万ウォンにするという公約を守るため、2年間で3割近く最低賃金を引き上げたことが、韓国経済の命取りとなりつつある。

まず、自営業者が急激な最低賃金引き上げの影響を受け、廃業するケースが続出している。また、多くの韓国企業は、恒常的に外国企業との激しい競争にさらされており、一方で、最低賃金の引き上げと週52時間労働制の施行により人件費が上昇。この内憂外患によって、首が回らない状態になってしまった。そのため海外に生産拠点を移したり、甚だしいところでは本社を海外に移転させるという「エスケープ・コリア」現象まで起きた。

当初、文在寅政権が意図した雇用増加とは正反対の方向に事態は動いてしまい、若者の就職難はさらに悪化している。また、人件費の上昇によって韓国企業の競争力が落ち、経済の各種指標は「ＩＭＦ危機以降の最悪」、あるいは「リーマン・ショック以後の最悪」を記録している。

加えて、文在寅政権の財閥や大企業を嫌悪する空気が、景気に悪影響を及ぼしている。輸出中心の韓国経済の特性上、大企業が活力を失えば、経済は破綻に向かう。ところが、文在寅政権が財閥改革と称して財閥への締めつけを強化したため、大企業は投資や研究開発など積極的な活動を自制するようになった。

企業経営が悪化すれば、当然税収も減り、政府の財政も悪化する。結局、「噴水効果」の目玉政策だった最低賃金1万ウォンと週52時間労働制が、低所得者層の所得をさらに減少させるという最悪の事態になってしまった。

国民とメディアの総攻撃を受けた文在寅政権は、「包容的成長」という新しい用語を前面に出し始めた。包容的成長とは、セーフティネットの拡大など福祉を充実させ、社会の二極化を解消すべく「分配」を強化することで、「皆が豊かに暮らせる包容国家を作る」という趣旨だ。

文在寅大統領は、「包容的成長は、新自由主義とは反対の概念で、所得主導成長の上位概念だ」と説明している。文大統領によると、新自由主義は成長の果実を受ける層が少数にとどまり、多数が排除される構造で経済成長が持続しにくい。それに対して包容的成長は、多くの人々に均等に成長の果実が配分されるので、持続的な成長が可能というわけだ。
文在寅政権の「包容的成長」という実験は、韓国社会の不平等や二極化を解決できるだろうか？「ろうそくデモ政権」を自任する文在寅政権が、5年の任期の折り返し地点に差し掛かった今、ろうそくデモを起こした人々も、文政権に疑念を抱き始めている。

韓国社会を分裂に追い込んだ積弊清算

２０１７年5月10日、大統領に就任した文在寅氏は、就任演説で、国民の対立解消を訴えた。

「今、私の頭の中は、統合と共存の新しい世界を切り拓く青写真に満ちています。私は約束します。今日この日は、真の国民統合が始まった日として歴史に記録されるでしょう」

文在寅政権初期に発表された「文在寅政権の国政運営5ヵ年計画」には、この就任演説の実践に向けた戦略が、細部にわたって記されている。①国民が主人である政府 ②ともに豊かに暮らす経済 ③国民の人生に責任を負う国家 ④均等に発展する地域 ⑤平和と繁栄の韓半島（朝鮮半島）。この5つのテーマを軸とし、１００項目にわたる国政課題を選定。韓国社会に蔓延した経済的、社会的不均衡を解決し、南北間の和解を通じて、国民の大統合と南北和平を実現することが目的とされた。

だが、文在寅政権が最も精力的に推進した政策は、「積弊（積もった弊害）清算」作業だった。文在寅政権は、政権誕生の原動力となったろうそくデモを「革命」と規定し、ろうそくデモの精神を継承する政権という点を、ことあるたびに強調する。

そのため、前任の朴槿恵政権と李明博政権のすべてを「弊害」と見なして否定。これを断罪するという「積弊清算運動」を、政策課題の第1号に定めたのだ。「青瓦台」（韓国大統領府）の指揮の下、政府内の全省庁に「積弊清算タスクフォース」が組織され、10年近い保守政権で行われたすべての政策を覆していった。

まず、この「積弊清算」によって、韓国の保守系政治家が狙い撃ちにされた。朴槿恵、李明博の両元大統領と、当時の3人の国会情報院長をはじめ、2018年2月時点で計52人の保守政権関係者が逮捕され、うち4人は自殺した。

そして、就任当初は、「国民統合」と「野党との連携」を訴えた文在寅政権だったが、始まってみると脇目も振らず積弊清算作業に邁進。これが、深刻な対立を生んだ。野党第1党の自由韓国党は、国会ではなく広場に飛び出し、「左派独裁打倒」を叫び、文在寅政権に対する闘争を続けている。

また、「積弊清算」のもとに進められた財閥改革は、韓国人の反財閥感情を掻き立てた。文在寅政権の経済政策の根幹には、これまでの経済成長の過程で、その果実を財閥と大手企業が独占してきたため、中小企業がまともに成長できず、特権と不正腐敗で一般庶民の経済基盤が崩れたという認識がある。経済が成長すればするほど、富の不平等が深刻化したというわけだ。財閥と大企業を「断罪すべき積弊」と決めたかのように、検察による財閥への家宅捜索は日常茶飯事となっている。

文在寅政権の約2年半の間、サムスン電子とグループ各社は、計19回、検察の家宅捜索を受けた。サムスングループ総帥の李在鎔《イ・ジェヨン》副会長は、２０１７年2月から２０１８年2月まで３５３日間、拘置所に入れられた。

大韓航空オーナー一家の「ナッツ姫」（長女の趙顕娥《チョ・ヒョナ》氏）と「水かけ姫」（次女の趙顕旼《チョ・ヒョンミン》氏）のパワハラが韓国国民の怒りを買うと、娘たちだけでなく、父や母、姉、弟など一家全員に対する一斉調査が行われた。警察、検察、出入国管理局、関税庁、教育部、公正取引委員会、国土交通部、保健福祉部など、捜査権を持つ政府機関を総動員して、計14回の家宅捜索を実施、4回の拘束令状を請求した。このほかにも、現代《ヒョンデ》自動車、ロッテ、ＬＧ、ＳＫハイニックス、ＰＯＳＣＯ、新世界百貨店、ＫＴ、ＣＪ、ブヨン、大林《テリム》、現代百貨店、大宇建設など、韓国の30大企業の大半が、政府や検察による家宅捜索を受けている。

そして、この「積弊清算」は、韓国国内のみならず、日本との摩擦の引き金にもなった。

２０１７年12月、外交部に設置された積弊清算タスクフォースは、日本政府と韓国政府の間で確認された２０１５年12月の慰安婦問題日韓合意について、「不適切な裏の合意があった」という見解を明らかにした。これを受けて２０１８年11月に、文在寅政権は、慰安婦問題の日韓合意を事実上破棄する、「癒し財団」の解散決定を公式発表した。

さらに、もう一つ、最高裁判所内に設置された「司法行政権の乱用疑惑に対する特別調査団」は、朴槿恵政権と当時の最高裁判所が、徴用工判決をめぐって「司法取引」したという疑惑を提起した。徴用工裁判で朴槿恵政権と判決について相談するなど、政権に都合のいいように便宜を図ったという疑いだ。この疑惑は、当時の最高裁判所長官だった梁承泰《ヤン・スンテ》氏をはじめ、多くの裁判官たちが拘束されるという司法積弊清算作業につながった。

そして、文在寅政権が任命した金命洙《キム・ミョンス》新最高裁長官の下、日本企業に徴用工への賠償を命じる判決が下された。２０１８年10月、新日本製鉄（現新日鉄住金）に対して、４人の原告に1億ウォンずつの支払いを命じる判決が出されたのだ。同年11月にも、今度は三菱重工に対し、原告10人にそれぞれ８０００万〜1億５０００万ウォンの支払いが命じられた。

この判決は、日本にとっては、これまで両国政府間で解決済みとされてきた１９６５年の日韓基本条約が、根底から覆されたに等しかった。以後、日韓関係は悪化の一途を辿り、２０１９年夏には、貿易を巡って日韓の制裁合戦にまで発展した。

文大統領が舵を取っている「韓国号」は、彼の就任演説のような統合と共存の道ではなく、摩擦と分裂の道に進んでいるように見える。2年以上も続いている文政権の積弊清算は、韓国の国民をイデオロギー論争と地域・世代・階層間の激しい対立に追い込んだ。

行き過ぎた資本主義と、そこからの揺り戻し。政治に翻弄され続ける韓国社会は、今や、難破船のように針路を見失っている。

そして、最後に、もし政権が道を誤れば、これは世界中のどこの国でも起こりうる、ということを覚えておいてほしい。新自由主義に向かってひた走る、日本の近未来の姿かもしれないのだ。

おわりに

私が上智大学新聞学科の大学院に留学したのは、1993年のことだ。当時、韓国では日本文化が「全面禁止」されていたが、若者の間ではひそかなブームになっていた。私が日本への留学を決めたのも、日本の文化に対する憧れがあったからである。

韓国の大学生たちは、路上販売で購入した海賊版のカセットテープで、日本の音楽を楽しんだ。若者の街として有名な鍾路《チョンノ》では、X JAPANのミュージックビデオを流してくれる音楽カフェが大人気で、明洞《ミョンドン》の裏通りの小さな本屋で売っている「an・an」や「non-no」など日本のファッション雑誌は若い女性たちをとりこにしていた。新聞には、若者の日本文化への傾倒を危惧する記事が、たびたび掲載されるほどだった。

一方、日本に来て私がいちばん驚いたのは、日本人が隣国である韓国についてあまりにも知らないという事実だった。留学生時代、私はNHKの愛宕山放送文化研究所でアルバイトをしていたが、そこで出会った方々は韓国から来た私に本当に親切にしてくださった。しかし、その方々との交流から、日本人は韓国に対してあまり関心がなく、情報をもっていないということを実感した。

「韓国にもミニトマトはあるのかい？」「メロンを食べたことがあるの？」「韓国人は毎日キムチを食べてるって本当？」「韓国から日本までは船に乗ってきたの？」

あれから26年が経った現在。韓国、日本ともに、お互いの国に対する関心は、これまでになく高まっていると感じる。しかし、その関心はネガティブな方向にぶれている。

韓国に対して無関心だった日本人は、反日政策を掲げ、北朝鮮との同胞意識を強調する文在寅《ムン・ジェイン》政権に対して危機感を感じており、それが「嫌韓」という感情で表れている。

韓国でも文在寅政権になって以降、歴史問題や領土問題など両国の懸案が一気にクローズアップされるようになり、さらに旭日旗問題やホワイト国除外など新しい摩擦も生じ、「反日」感情が最高潮に達している。

そんな中、私がいま思うのは、国が内部からヒビ割れている現状を韓国人が認識し、それを克服するため、同じ資本主義の民主国家である隣国＝日本との関係を、いち早く修復してほしいということだ。それは、貿易など喫緊の問題を解決しなければならないということもあるが、それ以上に、韓国社会がいま直面している諸問題——少子化、受験競争、高齢化などについて、先に先進国入りした「先輩」（日本）に学ぶことが多いからだ。

同時に日本人にも、韓国社会で起こっていることを深く理解してもらいたい。そのうえで、韓国が抱えている問題の解決に協力してほしいのだ。戦後最悪とも言われる日韓関係だが、隣国との付き合いを「嫌韓」だけで済ますことはできないはずだ。少なくとも未来の両国の関係は、信頼し合える隣人同士の温かなものであることを願いたい。そのような思いから執筆したのが、本書である。

現在の厳しい両国の関係の中で、本書の取材に応じてくれた方々に深くお礼申し上げる。そして、私の進むべき道をいつも照らしてくれるイエス・クリストに感謝を捧げて筆をおきたい。

２０１９年10月１日
日本と韓国が共に手を携えて歩む未来を信じつつ――。

金　敬哲

参考文献

【書籍】

キム・ソンク『新自由主義と共謀者たち』ナルムブックス　２０１４年
ジョン・ビョンウク、シン・ジンウク『多重格差、韓国社会の不平等構造』ペーパーロード　２０１６年
ハン・ジョンス、カン・ヒヨン『江南の誕生――韓国の心臓都市はどのように生まれたのか』ミジブックス　２０１６年
ソウル歴史博物館編『大峙洞――私教育１番地（２０１７ソウル生活文化資料調査）』ソウル歴史博物館　２０１８年
サムスン社会精神健康研究所『誰にも言えなかった真心』韓国経済新聞　２０１７年
チョン・ソンホ『中年の社会学』サルリム　２００６年

【新聞・雑誌】

ソ・ムンギ「韓国の圧縮成長の光と影」（「東アジア財団の政策論争」所収）東アジア財団　２０１４年10月７日
キム・ハクユン「盧武鉉、李明博、朴槿恵政権の教育政策と教訓」（「教育を変える人たち」http://21erick.org/edu/ 掲載）２０１３年11月21日
「私教育共和国〝ランドマーク〟に欲望が湧く」時事ジャーナル　２０１３年12月10日
「私たちは通貨危機と金融危機にどう対処したか」ハンギョレ電子版　２０１９年８月４日
「20年前の今頃、20年後の今頃」京郷新聞電子版　２０１７年11月24日
「韓国人の幸福指数最下位、あなたは？」アジア経済電子版　２０１８年12月13日
「金泳三、金大中、盧武鉉政府の教育政策比較」東亜日報電子版　２００９年10月１日
「私教育の聖地、大峙洞学院街の小学生のかばんの重さは？」ヘラルド経済電子版　２０１２年10月８日

「父兄の94％〝最も公正な選考は修能試験、定時を増やすべき〟」朝鮮日報電子版　2017年11月1日
「医大より高い英語幼稚園、年間1150万ウォン」文化日報電子版　2019年9月30日
「400万ウォンで就職保証、就職準備生を泣かせる就職塾」ソウル経済新聞電子版　2018年6月14日
「公試生10人のうち7人がうつ病、急がれる〝試廃人〟対策」イーデイリー電子版　2016年4月11日
「行方不明の公試生が死体で発見、公試生の悲劇はいつ終わるか」アジア経済電子版　2018年6月11日
「大企業の役員は49歳に任命、54歳で退職」ハンギョレ電子版　2018年11月28日
「中年考試」ソウル経済電子版　2018年10月25日
「地下鉄に乗ってどこへ？　おじいさんは鍾路3街駅、おばあさんは清涼里駅」ハンギョレ電子版　2018年7月18日
「最高齢は93歳、ドライバー10人に4人は65歳以上の高齢者」デジタルタイムズ電子版　2019年6月30日
「小学校高学年で江南へ転校――大峙洞の小学校では、1年生は5組、6年生は11組」中央日報電子版　2018年1月22日
「深夜教習の取り締まりをあざ笑う――新学期の大峙洞塾街は〝不夜城〟」毎日経済新聞電子版　2018年3月4日
「貧乏、孤独、病気、雁パパの3重苦」ヘラルド経済電子版　2013年3月12日
「長時間利用アプリNo.1はユーチューブ――10代は月41時間、50代以上も20時間」ハンギョレ電子版　2019年9月10日
「隠された矢――オンラインというベールの中の〝老人嫌悪〟」世界日報電子版　2019年4月1日
「監査現場〝国民年金を受け取れるのは、老人10人のうち4人だけ〟」マネートゥデイ電子版　2019年10月10日
「小遣い年金？――年金受給者の78％が月50万ウォン以下」ニュース1電子版　2019年5月29日
「老後資金2億ウォン不足の日本――韓国は3億ウォンが不足」朝鮮日報電子版　2019年6月18日

講談社現代新書　2549

韓国《かんこく》　行《い》き過《す》ぎた資本主義《しほんしゅぎ》　「無限競争社会《むげんきょうそうしゃかい》」の苦悩《くのう》

二〇一九年一一月二〇日第一刷発行

発行者　渡瀬昌彦
発行所　株式会社講談社
東京都文京区音羽二丁目一二―二一　郵便番号一一二―八〇〇一
電話　〇三―五三九五―三五二一　編集（現代新書）
〇三―五三九五―四四一五　販売
〇三―五三九五―三六一五　業務
装幀者　中島英樹
印刷所　株式会社新藤慶昌堂
製本所　株式会社国宝社
定価はカバーに表示してあります　Printed in Japan

N.D.C. 360　214p　18cm
ISBN978-4-06-518194-2

地図作成：アトリエ・プラン

「講談社現代新書」の刊行にあたって

教養は万人が身をもって養い創造すべきものであって、一部の専門家の占有物として、ただ一方的に人々の手もとに配布され伝達されうるものではありません。

しかし、不幸にしてわが国の現状では、教養の重要な養いとなるべき書物は、ほとんど講壇からの天下りや単なる解説に終始し、知識技術を真剣に希求する青少年・学生・一般民衆の根本的な疑問や興味は、けっして十分に答えられ、解きほぐされ、手引きされることがありません。万人の内奥から発した真正の教養への芽ばえが、こうして放置され、むなしく滅びさる運命にゆだねられているのです。

このことは、中・高校だけで教育をおわる人々の成長をはばんでいるだけでなく、大学に進んだり、インテリと目されたりする人々の精神力の健康さえもむしばみ、わが国の文化の実質をまことに脆弱なものにしています。単なる博識以上の根強い思索力・判断力、および確かな技術にささえられた教養を必要とする日本の将来にとって、これは真剣に憂慮されなければならない事態であるといわなければなりません。

わたしたちの「講談社現代新書」は、この事態の克服を意図して計画されたものです。これによってわたしたちは、講壇からの天下りでもなく、単なる解説書でもない、もっぱら万人の魂に生ずる初発的かつ根本的な問題をとらえ、掘り起こし、手引きし、しかも最新の知識への展望を万人に確立させる書物を、新しく世の中に送り出したいと念願しています。

わたしたちは、創業以来民衆を対象とする啓蒙の仕事に専心してきた講談社にとって、これこそもっともふさわしい課題であり、伝統ある出版社としての義務でもあると考えているのです。

一九六四年四月　野間省一

哲学・思想Ⅰ

66 哲学のすすめ——岩崎武雄
159 弁証法はどういう科学か 三浦つとむ
501 ニーチェとの対話——西尾幹二
871 言葉と無意識——丸山圭三郎
898 はじめての構造主義 橋爪大三郎
916 哲学入門一歩前——廣松渉
921 現代思想を読む事典 今村仁司 編
977 哲学の歴史——新田義弘
989 ミシェル・フーコー 内田隆三
1001 今こそマルクスを読み返す 廣松渉
1286 哲学の謎——野矢茂樹
1293 「時間」を哲学する——中島義道

1315 じぶん・この不思議な存在——鷲田清一
1357 新しいヘーゲル——長谷川宏
1383 カントの人間学——中島義道
1401 これがニーチェだ——永井均
1420 無限論の教室——野矢茂樹
1466 ゲーデルの哲学——高橋昌一郎
1575 動物化するポストモダン 東浩紀
1582 ロボットの心——柴田正良
1600 ハイデガー＝存在神秘の哲学——古東哲明
1635 これが現象学だ——谷徹
1638 時間は実在するか 入不二基義
1675 ウィトゲンシュタインはこう考えた 鬼界彰夫
1783 スピノザの世界——上野修

1839 読む哲学事典——田島正樹
1948 理性の限界——高橋昌一郎
1957 リアルのゆくえ——大塚英志 東浩紀
1996 今こそアーレントを読み直す——仲正昌樹
2004 はじめての言語ゲーム——橋爪大三郎
2048 知性の限界——高橋昌一郎
2050 超解読！ はじめてのヘーゲル『精神現象学』 竹田青嗣 西研
2084 はじめての政治哲学 小川仁志
2099 超解読！ はじめてのカント『純粋理性批判』 竹田青嗣
2153 感性の限界——高橋昌一郎
2169 超解読！ はじめてのフッサール『現象学の理念』——竹田青嗣
2185 死別の悲しみに向き合う——坂口幸弘
2279 マックス・ウェーバーを読む——仲正昌樹

哲学・思想Ⅱ

13 論語――貝塚茂樹
285 正しく考えるために 岩崎武雄
324 美について――今道友信
1007 日本の風景・西欧の景観――オギュスタン・ベルク 篠田勝英 訳
1123 はじめてのインド哲学 立川武蔵
1150 「欲望」と資本主義――佐伯啓思
1163 「孫子」を読む――浅野裕一
1247 メタファー思考――瀬戸賢一
1248 20世紀言語学入門 加賀野井秀一
1278 ラカンの精神分析――新宮一成
1358 「教養」とは何か――阿部謹也
1436 古事記と日本書紀 神野志隆光
1439 〈意識〉とは何だろうか 下條信輔
1542 自由はどこまで可能か 森村進
1544 倫理という力――前田英樹
1560 神道の逆襲――菅野覚明
1741 武士道の逆襲――菅野覚明
1749 自由とは何か――佐伯啓思
1763 ソシュールと言語学――町田健
1849 系統樹思考の世界――三中信宏
1867 現代建築に関する16章 五十嵐太郎
2009 ニッポンの思想――佐々木敦
2014 分類思考の世界――三中信宏
2093 ウェブ×ソーシャル×アメリカ 池田純一
2114 いつだって大変な時代――堀井憲一郎
2134 いまを生きるための思想キーワード――仲正昌樹
2155 独立国家のつくりかた 坂口恭平
2167 新しい左翼入門――松尾匡
2168 社会を変えるには――小熊英二
2172 私とは何か――平野啓一郎
2177 わかりあえないことから 平田オリザ
2179 アメリカを動かす思想 小川仁志
2216 まんが 哲学入門――森岡正博 寺田にゃんこふ
2254 教育の力――苫野一徳
2274 現実脱出論――坂口恭平
2290 闘うための哲学書――小川仁志 萱野稔人
2341 ハイデガー哲学入門 仲正昌樹
2437 ハイデガー『存在と時間』入門――轟孝夫

宗教

27 禅のすすめ——佐藤幸治
135 日蓮——久保田正文
217 道元入門——秋月龍珉
606 「般若心経」を読む——紀野一義
667 生命《いのち》あるすべてのものに　マザー・テレサ
698 神と仏——山折哲雄
997 空と無我——定方晟
1210 イスラームとは何か——小杉泰
1469 ヒンドゥー教　クシティ・モーハン・セーン　中川正生 訳
1609 一神教の誕生——加藤隆
1755 仏教発見！——西山厚
1988 入門 哲学としての仏教　竹村牧男
2100 ふしぎなキリスト教——橋爪大三郎　大澤真幸
2146 世界の陰謀論を読み解く——辻隆太朗
2159 古代オリエントの宗教　青木健
2220 仏教の真実——田上太秀
2241 科学vs.キリスト教——岡崎勝世
2293 善の根拠——南直哉
2333 輪廻転生——竹倉史人
2337 『臨済録』を読む——有馬頼底
2368 「日本人の神」入門——島田裕巳

Ⓒ

政治・社会

1145 冤罪はこうして作られる——小田中聰樹
1201 情報操作のトリック——川上和久
1488 日本の公安警察——青木理
1540 戦争を記憶する——藤原帰一
1742 教育と国家——高橋哲哉
1965 創価学会の研究——玉野和志
1977 天皇陛下の全仕事——山本雅人
1978 思考停止社会——郷原信郎
1985 日米同盟の正体——孫崎享
2068 財政危機と社会保障——鈴木亘
2073 リスクに背を向ける日本人——山岸俊男 メアリー・C・ブリントン
2079 認知症と長寿社会——信濃毎日新聞取材班

2115 国力とは何か——中野剛志
2117 未曾有と想定外——畑村洋太郎
2123 中国社会の見えない掟——加藤隆則
2130 ケインズとハイエク——松原隆一郎
2135 弱者の居場所がない社会——阿部彩
2138 超高齢社会の基礎知識——鈴木隆雄
2152 鉄道と国家——小牟田哲彦
2183 死刑と正義——森炎
2186 民法はおもしろい——池田真朗
2197 「反日」中国の真実——加藤隆則
2203 ビッグデータの覇者たち——海部美知
2246 愛と暴力の戦後とその後——赤坂真理
2247 国際メディア情報戦——高木徹

2294 安倍官邸の正体——田﨑史郎
2295 福島第一原発事故 7つの謎——NHKスペシャル『メルトダウン』取材班
2297 ニッポンの裁判——瀬木比呂志
2352 警察捜査の正体——原田宏二
2358 貧困世代——藤田孝典
2363 下り坂をそろそろと下る——平田オリザ
2387 憲法という希望——木村草太
2397 老いる家 崩れる街——野澤千絵
2413 アメリカ帝国の終焉——進藤榮一
2431 未来の年表——河合雅司
2436 縮小ニッポンの衝撃——NHKスペシャル取材班
2439 知ってはいけない——矢部宏治
2455 保守の真髄——西部邁

経済・ビジネス

350 経済学はむずかしくない〈第2版〉——都留重人
1596 失敗を生かす仕事術　畑村洋太郎
1624 企業を高めるブランド戦略——田中洋
1641 ゼロからわかる経済の基本——野口旭
1656 コーチングの技術——菅原裕子
1926 不機嫌な職場——高橋克徳　河合太介　永田稔　渡部幹
1992 経済成長という病——平川克美
1997 日本の雇用——大久保幸夫
2010 日本銀行は信用できるか　岩田規久男
2016 職場は感情で変わる　高橋克徳
2036 決算書はここだけ読め！——前川修満
2064 決算書はここだけ読め！キャッシュ・フロー計算書編　前川修満

2125 ビジネスマンのための「行動観察」入門　松波晴人
2148 経済成長神話の終わり　アンドリュー・J・サター　中村起子 訳
2171 経済学の犯罪——佐伯啓思
2178 経済学の思考法——小島寛之
2218 会社を変える分析の力　河本薫
2229 ビジネスをつくる仕事　小林敬幸
2235 20代のための「キャリア」と「仕事」入門——塩野誠
2236 部長の資格——米田巖
2240 会社を変える会議の力　杉野幹人
2242 孤独な日銀——白川浩道
2261 変わった世界 変わらない日本——野口悠紀雄
2267 「失敗」の経済政策史　川北隆雄
2300 世界に冠たる中小企業　黒崎誠

2303 「タレント」の時代——酒井崇男
2307 ＡＩの衝撃——小林雅一
2324 〈税金逃れ〉の衝撃　深見浩一郎
2334 介護ビジネスの罠——長岡美代
2350 仕事の技法——田坂広志
2362 トヨタの強さの秘密　酒井崇男
2371 捨てられる銀行——橋本卓典
2412 楽しく学べる「知財」入門——稲穂健市
2416 日本経済入門——野口悠紀雄
2422 捨てられる銀行2 非産運用——橋本卓典
2423 勇敢な日本経済論——髙橋洋一　ぐっちーさん
2425 真説・企業論——中野剛志
2426 東芝解体 電機メーカーが消える日　大西康之

世界の言語・文化・地理

958 英語の歴史 — 中尾俊夫
987 はじめての中国語 — 相原茂
1025 J・S・バッハ — 礒山雅
1073 はじめてのドイツ語 福本義憲
1111 ヴェネツィア — 陣内秀信
1183 はじめてのスペイン語 東谷穎人
1353 はじめてのラテン語 大西英文
1396 はじめてのイタリア語 郡史郎
1446 南イタリアへ！ — 陣内秀信
1701 はじめての言語学 黒田龍之助
1753 中国語はおもしろい 新井一二三
1949 見えないアメリカ — 渡辺将人
2081 はじめてのポルトガル語 浜岡究
2086 英語と日本語のあいだ 菅原克也
2104 国際共通語としての英語 鳥飼玖美子
2107 野生哲学 — 管啓次郎 小池桂一
2158 一生モノの英文法 — 澤井康佑
2227 アメリカ・メディア・ウォーズ — 大治朋子
2228 フランス文学と愛 — 野崎歓
2317 ふしぎなイギリス — 笠原敏彦
2353 本物の英語力 — 鳥飼玖美子
2354 インド人の「力」 — 山下博司
2411 話すための英語力 鳥飼玖美子

心理・精神医学

331 異常の構造——木村敏
590 家族関係を考える——河合隼雄
725 リーダーシップの心理学——国分康孝
824 森田療法——岩井寛
1011 自己変革の心理学——伊藤順康
1020 アイデンティティの心理学 鑪幹八郎
1044 〈自己発見〉の心理学 国分康孝
1241 心のメッセージを聴く 池見陽
1289 軽症うつ病——笠原嘉
1348 自殺の心理学——高橋祥友
1372 〈むなしさ〉の心理学 諸富祥彦
1376 子どものトラウマ——西澤哲
1465 トランスパーソナル心理学入門——諸富祥彦
1787 人生に意味はあるか 諸富祥彦
1827 他人を見下す若者たち 速水敏彦
1922 発達障害の子どもたち——杉山登志郎
1962 親子という病——香山リカ
1984 いじめの構造——内藤朝雄
2008 関係する女 所有する男——斎藤環
2030 がんを生きる——佐々木常雄
2044 母親はなぜ生きづらいか——香山リカ
2062 人間関係のレッスン 向後善之
2076 子ども虐待——西澤哲
2085 言葉と脳と心——山鳥重
2105 はじめての認知療法——大野裕
2116 発達障害のいま——杉山登志郎
2119 動きが心をつくる——春木豊
2143 アサーション入門——平木典子
2180 パーソナリティ障害とは何か——牛島定信
2231 精神医療ダークサイド 佐藤光展
2344 ヒトの本性——川合伸幸
2347 信頼学の教室——中谷内一也
2349 「脳疲労」社会——徳永雄一郎
2385 はじめての森田療法 北西憲二
2415 新版 うつ病をなおす 野村総一郎
2444 怒りを鎮める うまく謝る 川合伸幸

日本語・日本文化

P